北欧3ヵ国語で読む
ストリンドベリイの

赤い部屋

〈第1章～第3章〉

古城健志 編訳

東京 **大学書林** 発行

はしがき

　北欧語学者の横山民司先生は，その著書の中で，スウェーデン語，デンマーク語，ノルウェー語の三つの言語は互いによく似ていて，一冊の本を読めば三言語が一度に勉強できるような本があるのではないか，と探してみたが，（日本では）見つからなかった．という意味のことを書かれていますが，これは私もその通りだと思っていました．

　たまたま，スウェーデンの作家　ストリンドベリイの『赤い部屋』のデンマーク語訳とノルウェー語訳を入手しましたので，ここにこの三つをならべてみた本を編集してみました．

　ある文学作品を他の言語訳と比較することは，その翻訳者の性格，あるいは翻訳された時代などによって，問題なしとはできないかも知れませんが，最初にのべた三つの言語を比較するうえに，なにがしかの効果はあると思います．その意味で本書が何らかのお役に立てば幸いです．〔注〕参照．

　本書は頁数に制限があり，二十九章ある中の最初の三章のみをとりあげました．（目次には参考のために全章示してあります．）機会があれば残りもとりあげたいと思っております．翻訳については原則として原文（スウェーデン語）によりました．注についてはできるだけ（　）内で訳の中にいれましたが，＊印をつけたものは巻末にまとめてつけました．

　本書のようなマイナーな語学書の出版を許諾された大学書林社長佐藤政人氏に深く感謝します．なお，この『赤い部屋』は横山民司

— i —

は し が き

先生の勉強会でかつてとりあげられたこともあり，また本書の訳では一橋大学　寺倉巧治氏，金沢大学　入江浩司氏，スウェーデン留学の斉田由起子さんにも一部ご教示を仰いだことおよび校正については菊池正敏氏に多大の応援を得ましたことを記して謝意をあらわします．

〔注〕　一方スカンジナビアの人たちには，かれら3国間で互いに翻訳をやることは愚かなことという考えもあります．(Einar Haugen : Norsk Engelsk Ordbok 1986 P.464)

平成15年5月1日　　　　　　　　　　　　　　　　　　　　編訳者

August Strindberg について

1849年 ストックホルム生まれ，1912年 同地で没．

父は元，かなり裕福な商人であったが，没落し，母は父の女中をしていた人で，ストリンドベリイはその第四子として生まれた．しかし，母はかれが十三歳のとき亡くなり，その後，継母と折り合わない上，貧困と父の偏見などから，むちと飢えとにおののく少年時代を送った．その後，ウプサラ大学に学んだが，中退，種々の職業に従事し，1874〜82年には王立図書館に書記として勤務したが，作家を志して独立．

1879年発表の『赤い部屋』はスウェーデン最初の現代長編小説であり，スウェーデンの書き言葉の発展に足跡を残すと同時に，スウェーデン文学史に新しい時代をもたらした．かれの作品は長・短編小説はもちろん，戯曲，詩，評論などにも及ぶ膨大なもので，その全集は五十巻以上にもなる．そしてその文学的偉大さは語りつくされることができない，といわれ，スウェーデン文学を一躍，世界文学の域に押し上げた．

結婚（1886），女中の子（1886），痴人の告白（1893）などの小説，父（1887），令嬢ユリー（1888）等々のドラマは特に有名である．

なお本書のスウェーデン語は Albert Bonniers Förlag AB 1979年版によりました．

訳者紹介

ノルウェー語への訳者

Per Qvale

1946 年生まれ.

住所　Lyder Sagens gt. 31. 0358 Oslo

文学博士,1972 年より純文学,科学文学などの翻訳に従事.1986～89 年ノルウェー翻訳者協会委員長.1993 年より Faglig Råd, NO 委員長.

本書の訳は Forlaget Oktober (Oslo) 1995 年版によりました.

デンマーク語への訳者

Sven Lange

1868 年生まれ,1930 年没.

1893 年ごろから,自然主義的劇作家としてデビュー,数多くの作品を発表.芸術への妥協のない愛と広範な劇作上の知識をもって特徴としているといわれる.

本書の訳は Gyldendal (Copenhagen) 1923 年版によりました.

Munch 画の Strindberg 像
ストックホルム　Thielska Galleriet 蔵
1981 年　古城裕子　撮影

Mosebacke にある Strindberg 像
1981 年　古城裕子　撮影

目 次

スウェーデン語

Stockholm i fågelperspektiv ···2
Bröder emellan ···80
Nybyggarne på Lill-Jans ···132
Herrar och hundar
Hos förläggaren
Röda rummet
Jesu efterföljelse
Arma fosterland!
Förskrivningar
Tidningsaktiebolaget Gråkappan
Lyckliga människor
Sjöförsäkringsaktiebolaget Triton
Försynens skickelse
Absint
Teateraktiebolaget Phoenix
I Vita bergen
Natura
Nihilism
Från Nya kyrkogården till Norrbacka
På altaret
En själ över bord
Bistra tider
Audienser
Om Sverige
Sista brickan
Brevväxling
Tillfrisknande
Från andra sidan graven
Revy

目　次

ノルウェー語

Stockholm i fugleperspektiv ···2
Brødre imellom ··80
Nybyggerne på Lill-Jans ·······································132
Herrer og hunder
Hos forleggeren
Det røde rommet
Jesu etterfølgelse
Arme fedreland!
Rekvisisjoner
Avisaksjeselskapet Gråfrakken
Lykkelige mennesker
Sjøassuranseselskapet Triton
Skjebnens tilskikkelse
Absint
Teateraksjeselskapet Phoenix
I Vita Bergen
Natura
Nihilisme
Fra Nya Kyrkogården til Norrbacka
På alteret
En sjel overbord
Harde tider
Audienser
Om Sverige
Den siste brikken
Brevveksling
Tilfriskning
Fra den andre siden av graven
Revy

目　次

デンマーク語

Stockholm i fugleperspektiv ···3
Mellem brødre ···81
Nybyggerne på Lille-Jans ···133
Herrer og hunde
Hos forlæggeren
Det røde værelse
Jesu efterfølgelse
Stakkels fædreland
Forskrivninger
Aktieselskabet Den grå Kappe
Lykkelige mennesker
Søforsikringsaktieselskabet Triton
Forsynets tilskikkelser
Absint
Teaterselskabet Phoenix
I Hvide Bjerg
Natura
Nihilisme
Fra Den nye kirkegård til Norrbacka
Foran alteret
En sjæl over bord
Strenge tider
Audienser
Om Sverige
Det sidste terningkast
Brevveksling
Helbredelse
Fra hinsides graven
Revy

目　次

日　本　語

鳥かん図で見たストックホルム ……………………………………3
兄弟の間 ……………………………………………………………81
リル・ヤンスにたむろする開拓者たち ………………………133
主人たちと犬たち
出版社にて
赤い部屋
偽物のキリスト
憐れな祖国
借用証書
新聞社グローカッパン
幸福な人々
トリトン海上保険株式会社
神の摂理
アブサン
劇団フェニックス
白い山にて
自然は
ニヒリズム
新教会墓地からノルバッカへ
祭壇にて
船から落ちた魂
苦難の時
謁見
スウェーデンについて
最後の一手
文通
元気回復
墓の向うより
總括

August Strindberg

på SVENSKA
Röda Rummet

på NORSK
Det Røde Rommet

på DANSK
Det Røde Værelse

第 1 章

スウェーデン語

FÖRSTA KAPITLET
Stockholm i fågelperspektiv

Det var en afton i början av maj. Den lilla trädgården på Mosebacke hade ännu icke blivit öppnad för allmänheten, och rabatterna voro ej uppgrävda; snödropparne hade arbetat sig upp genom fjolårets lövsamlingar och höllo just på att sluta sin korta verksamhet för att lämna plats åt de ömtåligare saffransblommorna, vilka tagit skydd under ett ofruktsamt päronträd; syrenerna väntade på sydlig vind för att få gå i blom, men lindarne bjödo ännu kärleksfilter* i sina obrustna knoppar åt bofinkarne, som börjat bygga sina lavklädda bon mellan stam och gren; ännu hade ingen mänskofot trampat

ノルウェー語

FØRSTE KAPITTEL
Stockholm i fugleperspektiv

Det var en aften i begynnelsen av mai. Den lille haven på Mosebacke hadde ennå ikke blitt åpnet for allmennheten, og bedene var ikke gravd opp; snøklokkene hadde arbeidet seg opp gjennom fjorårets løvansamlinger og holdt akkurat på å avslutte sin korte virksomhet for å gi plass til de mer ømtålige krokusene, som hadde søkt tilflukt under et ufruktbart pæretre; syrinene ventet på sønnavind for å springe ut, men lindetrærne hadde ennå afrodisiakum i sine uutsprungne knopper, og fristet bokfinkene som hadde begynt å bygge sine lavkledde reder mellom stamme og gren. Ennå hadde ingen menne-

鳥かん図で見たストックホルム

| デンマーク語 | 日 本 語 |

FØRSTE KAPITEL
Stockholm i fugleperspektiv

Det var en aften i begyndelsen af maj. Den lille have på Mosebacke var endnu ikke blevet åbnet for offentligheden, og blomsterbedene var ikke opgravede; vintergækkerne havde arbejdet sig frem igennem det visne løv fra i fjor, men var just i færd med at slutte deres korte blomstring og give plads for de mere ømfindtlige krokus, der havde søgt beskyttelse under et ufrugtbart pæretræ; syrenerne ventede kun på en sydlig vind for at springe ud; lindenes bristefærdige knopper ejede endnu den søde saft, hvormed de lokkede bogfinkerne til elskov, og de små fugle var begyndt at bygge deres mosklædte

第1章
鳥かん図で見たストックホルム

　五月始めの夕方であった．町の南にあるモーゼバッケの小さな公園はまだ一般に公開されてなくて，花壇は掘り返されてなかった．まつゆき草が去年の落ち葉の堆積の中で活動していて，実のならない梨の木の蔭に保護を求めていた可憐なクロッカスの花に場所を譲るため，その短かった活動を終えようとしていた．ライラックは花を咲かせようと南風を待ち望んでいて，しなの木はその幹と枝の間にこけの生えた巣をつくり始めているひわのため，まだ綻びそめてないつぼみに愛の巣を提供していた．昨冬の雪が解けてしまってから，だれも砂利道を歩いていない．だからそこでは動物も花もなにににもわずらわされない生活を営んでいた．灰色雀が木屑を集めては航海学校の校舎の屋根瓦の下に隠していた．雀たち

第 1 章

スウェーデン語

sandgångarne sedan sista vinterns snö gått bort, och därför levdes ett obesvärat liv därinne av både djur och blommor. Gråsparvarne höllo på att samla upp skräp, som de sedan gömde under takpannorna på navigationsskolans hus; de drogos om* spillror av rakethylsor från sista höstfyrverkeriet, de plockade halmen från unga träd som året förut sluppit ur skolan på Rosendal — och allting sågo de! De hittade barège*-lappar i bersåer och kunde mellan stickorna på en bänkfot draga fram hårtappar efter hundar, som icke slagits där sedan Josefinadagen i fjor. Där var ett liv och ett kiv.

ノルウェー語

skefot trådt på sandgangene etter at vintersnøen forsvant, og derfor levdes et ubesværet liv der inne, både av dyr og blomster. Gråspurvene holdt på å samle opp avfall som de siden gjemte under takstenene på navigasjonsskolen; de sloss om restene av rakettshylser fra siste høstfyrverkeri, de plukket halm fra unge trær som året før hadde sluppet ut av gartnerskolen på Rosendal — og alt fikk de øye på! De fant ørsmå biter av ulltøy inni syrinlysthusene, og mellom tærne på en benkefot kunne de dra frem hårtjafser etter hunder, som ikke hadde slåss der siden Josefinadagen i fjor. Det var et liv og et leven!

鳥かん図で見たストックホルム

デンマーク語

reder mellem stamme og gren. Endnu havde ingen menneskefod trådt på grusgangene derinde, siden sidste vinters sne var svundet bort, og derfor levede havens dyr og blomster et sorgløst liv. Gråspurvene var i færd med at samle alskens affald, som de bagefter gemte under tagstenene på navigationsskolens hus; de sloges om rester af rakethylstrene fra det sidste efterårsfyrværkeri, de plukkede halmen af de unge træer, der året forud var sluppet ud af planteskolen på Rosendal — alting fik de øje på! De fandt musselinsstumper i lysthusene, de kunne inde mellem splinterne på foden af en bænk hitte nogle hårtotter af hunde, som ikke havde været oppe at slås dér siden Josefina-

日 本 語

は去年の秋の花火での打ち上げ筒の残骸を奪い合いをしながら，ローゼンダールの学校から，去年，移植したばかりの若木の稲わらのカバーをついばんでいた．——鳥たちは何でも見ていたのだ．鳥たちはまた，公園のあずまやでヴェールの布地を見つけだし，去年のヨセフィーネの日（8月21日）以来そこにはなかった犬の抜け毛などをベンチの脚の間から引っ張り出していた．そこには生活と争いがあった．

第 1 章

スウェーデン語 | ノルウェー語

Men solen stod över Liljeholmen och sköt hela kvastar av strålar mot öster ; de gingo genom rökarne från Bergsund, de ilade fram över Riddarfjärden, klättrade upp till korset på Riddarholmskyrkan, kastade sig över till Tyskans branta tak, lekte med vimplarne på skeppsbrobåtarne, illuminerade i fönstren på stora Sjötullen, eklärerade Lidingöskogarne och tonade bort i ett rosenfärgat moln, långt, långt ut i fjärran, där havet ligger. Och därifrån kom vinden, och hon gjorde samma färd tillbaka genom Vaxholm, förbi fästningen, förbi Sjötullen, utmed Siklaön, gick in bakom Hästholmen och tittade på sommarnöjena ; ut igen, fortsatte

Men solen sto over Liljeholmen og skjøt hele kvaster av stråler mot øst ; stråler som gikk mellom røyksøylene fra Bergsund, de ilte avsted over Riddarfjärden, klatret opp til korset på Riddarholmskyrkan, kastet seg over til det bratte taket på Tyska Kyrkan, lekte med vimplene på Skeppsbrobåtene, illuminerte vinduene på den store Sjötullen, opplyste Lidingöskogene, og tonet vekk i en rosafarvet sky, langt, langt ute i det fjerne der havet ligger. Og derfra kom vinden, og gjorde samme ferd tilbake gjennom Vaxholm, forbi festningen, forbi Sjötullen, ut langs Siklaön, gikk inn bak Hästholmen og kikket på sommerstedene ; ut

鳥かん図で見たストックホルム

デンマーク語 | 日本語

dagen i fjor! Der var liv og forårshalløj i haven!

Men solen stod over Liljeholmen og sendte hele knipper af stråler mod øst; de gik tværs igennem røgskyerne fra Bergsund, de ilede frem over Riddarfjärden, klatrede op til korset på Ridderholmskirken, kastede sig over mod den tyske kirkes stejle tag, legede med vimplerne på Skeppsbrons skibe, funklede i vinduerne på den store toldbod, oplyste Lindingøskovene og fortonede sig i en rosenfarvet tåge, langt, langt ud i det fjerne, hvor havet ligger. Og derudefra kom vinden, og den gjorde den samme tur tilbage gennem Vaxholm, forbi fæstningen, forbi toldboden, langs med Skiklaøen, sprang ind bag Hesteholmen og snusede til land-

太陽は西のリリエホルメンの上に沈みかけていた．夕日の光芒が東の方にさしていて、ベリイスンドから立ち昇る煙の中を通っていた．その光はリッダー湾の上をいそぎ通り、リッダーホルム教会の十字架の上に達し、さらにドイツ教会の急な屋根を照らし、シュップ橋のボートの吹き流しとたわむれてから、大きな海上税関の窓を明るくし、リディング島の森を照らして、大海のある遙か湾の遠くの雲をバラ色に染めていた．そして風はそこから吹いてきて、陽光とは逆にバックスホルムを通り、砦や、海上税関を吹き抜け、シクラ島にそってヘストホルメンの裏の方にそよいで、夏の歓楽場を見守っていた．風はさらにダン湾の方にそよいで、南岸に沿って、驚いたり、酩酊したり、石炭や、タールや、鯨油の匂いをかぎながら、東の方のスタッ

— 7 —

第 1 章

スウェーデン語

och kom in i Danviken, blev skrämd och rusade av utmed södra stranden, kände lukten av kol, tjära och tran, törnade mot Stadsgården, for uppför Mosebacke, in i trädgården och slog emot en vägg. I detsamma öppnades väggen av en piga, som just rivit bort klistringen på innanfönstren; ett förfärligt os av stekflott, ölskvättar, granris och sågspån störtade ut och fördes långt bort av vinden, som nu, medan köksan drog in den friska luften genom näsan, passade på att gripa fönstervadden, som var beströdd med paljetter och berberisbär och törnrosblad, och började en ringdans utefter gångarne, i vilken snart gråsparvarne och bofinkarne deltogo, då de sålunda sågo sina bosättningsbekym-

ノルウェー語

igjen, fortsatte og kom inn i Danviken, ble skremt og raste avsted langs den søndre stranden, fikk ferten av kull, tjære og tran, tørnet mot Stadsgården, fôr oppover Mosebacke, inn i haven og slo mot en vegg. I det samme ble veggen åpnet av en kjøkkenpike, som akkurat hadde revet bort klisterremsene på innervinduene; en forferdelig os av stekefett, ølsøl, granbar og sagflis veltet ut og ble ført langt avsted med vinden, som nå, mens kjøkkenpiken trakk den friske luften inn gjennom nesen, passet på å gripe vindusvatten, som var bestrødd med paljetter og berberisbær og nyperoseblader, og begynte en ringdans gjennom gangene, der gråspurvene og bokfinkene snart deltok, idet de således

— 8 —

鳥かん図で見たストックホルム

デンマーク語

stederne; ud igen, fór videre og kom ind i Danvigen, blev skræmt og susede af sted langs med den søndre strand, mærkede lugten af kul, tjære og tran, tørnede imod Stadsgården, for op ad Mosebacke, sprang ind i haven og slog mod en væg! I det samme blev væggen åbnet af en køkkenpige — hun havde netop fjernet klisterstrimlerne fra forsatsvinduerne; en forfærdelig os af stegefedt, ølslatter, granris og savsmuld styrtede ud og blev ført langt bort af vinden, og mens køkkenpigen stod og trak den friske luft ind gennem næsen, passede den på at gribe vinduesvattet, der var bestrøet med glimmer og berberisbær og tørrede rosenblade, og begyndte en runddans med det ud i gan-

日 本 語

ドゴードで向きを変え，モーゼバッケに向かって，公園の中に入りこみ，壁に突き当たっていた．そのときちょうど，内窓のにかわをはがしていた召し使いが扉を開くと，台所屑や，ビールのしずくや，もみの木の枝や，おが屑などの恐ろしい臭気が流れ出て，風によって遠くへ運ばれていった．賄い婦が鼻から新鮮な空気を吸いこんでいる間に，風は窓の詰め物を捕まえようとして，ピカピカ光るものや，バーベリイの実や，野バラの葉などを撒き散らし，通りに沿ってリングダンスを始めた．するとすぐに灰色雀や，ひわがよってきて，これで巣の心配は大部分取り除かれたと思っているように見えた．

第 1 章

スウェーデン語

mer till stor del undanröjda.

ノルウェー語

langt på vei så løsningen på sine bosettingsproblemer.

　Emellertid fortsatte köksan sitt arbete med innanfönsterna, och inom några minuter hade dörren från källarsalen till verandan blivit öppnad och ut i trädgården trädde en ung herre, enkelt men fint klädd. Hans ansikte företedde intet ovanligt, men där låg en sorg och en ofrid i hans blickar, som dock försvunno, då han, utkommen från den trånga källarsalen, möttes av den öppna horisonten. Han vände sig mot vindsidan, knäppte upp* överrocken och tog några fulla andetag, vilka tycktes lätta hans bröstkorg och sinne. Därpå började han

　Imidlertid fortsatte kjøkkenpiken sitt arbeid med innervinduene, og i løpet av noen minutter var døren fra spisesalen til verandaen blitt åpnet, og ut i haven trådte en ung herre, enkelt men fint kledd. Ansiktet oppviste ikke noe uvanlig, men det lå en sorg og en uro i hans øyekast, som riktignok forsvant da han, vel ute av den trange salen, ble møtt av den åpne horisonten. Han snudde seg mot vindsiden, kneppet opp jakken og tok noen dype åndedrag, som så ut til å lette hans brystkasse og sinn. Så begynte han å vandre frem og tilbake langs rekkverket som skil-

鳥かん図で見たストックホルム

デンマーク語

gene! Og gråspurvene og finkerne dansede med af glæde over, at de nu for en stor del blev befriet for deres udstyrsbekymringer!

En stund fortsatte køkkenpigen sit arbejde med forsatsvinduerne, men pludselig blev døren mellem restaurationssalen og verandaen lukket op, og ud i haven trådte en ung herre, enkelt men fint klædt. Hans ansigt viste ikke tegn på noget usædvanligt, men der lå et skær af tungsind og uro i hans blik, som dog forsvandt, da han kom ud fra den trange restaurationssal og så den åbne horisont foran sig. Han vendte sig mod vinden, knappede overfrakken op og trak luften ind i nogle dybe åndedrag, hvilket syntes at lette hans bryst og sind. Derpå begyn-

日本語

　しかしながら，賄い婦は内窓の仕事を続けていて，何分かたつと，レストランからベランダへ出る扉が開かれ，地味だが，かなりよい服を着た男が庭に出てきた．男の顔には特に変わったものは見えなかったが，その眼ざしに一種の悲しみと不安があった．しかしそれらは男が狭いレストランから出てきて，広々した外気に触れるとすぐに消え去った．男は風の方にむいて上着のボタンをはずし，何回か息を深く吸い込んだ．その深呼吸が男の胸の内と感覚を和らげたように見えた．それから男は，海に面したがけから庭を区分している垣根沿いにいったりきたり散歩を始めた．

第 1 章

スウェーデン語

vandra fram och åter utmed barriären, som skiljer trädgården från branterna åt sjön.

Långt nere under honom bullrade den nyvaknade staden ; ångvincharne snurrade nere i stadsgårdshamnen*, järnstängerna skramlade i järnvågen*, slussvaktarnes pipor visslade, ångbåtarne vid Skeppsbron ångade, Kungsbacksomnibussarne hoppade skallrande fram på den kullriga stenläggningen ; stoj och hojt i fiskargången, segel och flaggor som fladdrade ute på strömmen, måsarnes skri, hornsignaler från Skeppsholmen, gevärsrop från Södermalmstorg, arbetshjonens klapprande med träskorna på Glasbruksgatan, allt gjorde ett intryck av liv och rörlighet, som tycktes väcka

ノルウェー語

ler haven fra skråningene ned mot sjøen.

Langt nede under ham buldret den nyvåknede byen ; dampvinsjene snurret nede i byhavnen, jernstengene skramlet i jernvekten, det pep i slusevaktenes fløyter, dampbåtene ved Skeppsbron dampet, omnibussene til Kungsbacka skranglet og ristet seg avsted på de runde brostenene ; støy og rop i fiskergangen, seil og flagg som blafret ute i Strömmen, måkeskrik, hornsignaler fra Skeppsholmen, geværkommandoer fra Södermalmstorg, arbeidsfolkenes klaprende tresko i Glasbruksgatan, alt ga et inntrykk av liv og røre, som så ut til å vekke den unge herres energi, for nå hadde ansiktet

— 12 —

鳥かん図で見たストックホルム

デンマーク語

dte han at gå frem og tilbage langs balustraden, som skiller haven fra skrænterne ned mod vandet.

Langt nede under ham larmede den nys vågnede by; dampkranerne snurrede nede i Stadsgårdshavnen, jernstængerne skramlede på jernvægten, slusevagternes fløjter lød, dampbådene ved Skeppsbron prustede, Kongsbaksomnibusserne hoppede med dumpe lyde frem over den toppede stenbrolægning; tummel og råben fra fisketorvet, sejl og flag, som smældede ude på *Strømmen*, mågernes skrig, hornsignalerne fra Skeppsholmen, geværkommandoen fra Södermalmstorvet, arbejdsfolkenes klapren med træsko i Glasværksgade, alt gjorde indtryk af liv og bevæge-

日 本 語

男の足元では，遠く，目覚めたばかりの街が騒音に包まれていた．波止場では蒸気式ウインチがガラガラ回っており，鋼材計量所では鉄棒がゴロゴロと音をたて，水門監視人の笛がピッピッと鳴っていたし，シェップ橋のところでは，汽船が蒸気を吹き出していた．クングスバッケ行きの乗合バスは凹んだ石畳の道を音高く走っていた．魚市場の騒音，運河の上ではためく帆や，旗，かもめの鳴き声，シェップスホルメンから聞こえてくる角笛の信号，セーデルマルム広場からのドンの音，グラスブルク通りを通る労働者たちの木ぐつのガタガタいう音，すべてが生活と活動を表わしており，さきほどの若い男のエネルギーを呼び起こすように思われた．というのもその男の顔に

第 1 章

スウェーデン語

den unge herrens energi, ty nu hade hans ansikte antagit ett uttryck av trots och levnadslust och beslutsamhet, och då han lutade sig över barriären och såg ner på staden under sina fötter, var det som om han betraktade en fiende; hans näsborrar vidgades, hans ögon flammade och han lyfte sin knutna hand, som om han velat utmana den stackars staden eller hota den.

Nu ringde det sju i Katarina, och Maria sekunderade* med sin mjältsjuka diskant, och Storkyrkan och Tyskan fyllde i med sina basar, och hela rymden dallrade snart av ljudet från alla stadens sjuklockor; men när de tystnat, den ena efter den andra, hördes

ノルウェー語

antatt et uttrykk av tross og livslyst og besluttsomhet, og da han lente seg over rekkverket og så ned på byen under sine føtter, var det som om han betraktet en fiende; neseborene videt seg ut, øynene flammet, og han hevet en knyttet neve, som ville han utfordre den stakkars byen, eller true den.

Nå ringte det syv i Katarinakyrkan, og Mariakyrkan sekunderte med sine syv tungsindige diskantslag, og Storkyrkan og Tyska Kyrkan falt inn med sine basstoner, og hele himmelrommet skalv snart av lyden fra alle byens syvklokker; men da de hadde stil-

鳥かん図で見たストックホルム

デンマーク語	日 本 語
lighed. Den unge herres energi blev åbenbart vækket heraf, hans ansigt fik efterhånden et udtryk af trods og livslyst og beslutsomhed, og da han lænede sig ud over balustraden og så ned på byen under sine fødder, var det, som om han betragtede en fjende; hans næsebor udvidedes, hans øjne flammede, og han løftede sin knyttede hånd, som om han ville udfordre den stakkels by eller true den.	何かに挑戦するような，人生の楽しみを見つけるような，なにかを決心するような表情があらわれ，男が垣根に体をもたせ掛け，足元の街を見おろしたとき，あたかも敵を観察するようなおももちがあり，男は鼻孔をひろげ，眼を輝かせ，組んだ手をあげ，この貧しい街に挑戦するのか，またはおどすかのように見えたのである．
Nu slog klokken syv i *Katrina*, og *Maria* sekunderede med sin melankolske diskant, og Storkirken og den tyske kirke stemte i med deres basstemmer, og hele rummet dirrede snart af lyden fra alle byens aftenklokker; men da de var blevet stille, den ene	たった今，カタリーナ教会で七時の鐘が鳴り，マリア教会の気難しい高い鐘の音がそれを応援し，大聖堂とドイツ教会の低い鐘の音もそれらに和した．街中の七時の鐘の音で，すべての空間がうち震えているようであった．そしてそれらが静かになってからも，つぎつぎとまだ遠くで，かれらの平和に満ちた午

第 1 章

スウェーデン語

ännu långt i fjärran den sista sjunga sin fridfulla aftonsång; den hade en högre ton, en renare klang och ett hastigare tempo än de andra — ty den har så! Han lyssnade och sökte utröna varifrån ljudet kom, ty det syntes väcka minnen hos honom. Då blev hans min så vek och hans ansikte uttryckte den smärta, som ett barn erfar då det känner sig vara lämnat ensamt. Och han var ensam, ty hans far och mor lågo borta på Klara kyrkogård, därifrån kockan ännu hördes, och han var ett barn, ty han trodde ännu på allt, både sant och sagor.

Klockan i Klara tystnade, och han rycktes ur sina tankar genom ljudet av steg på

ノルウェー語

net, den ene etter den andre, hørtes ennå i det fjerne den siste synge sin fredfulle aftensang; den hadde en høyere tone, en renere klang og et hastigere tempo enn de andre — for det har den! Han lyttet og prøvde å finne ut hvor lyden kom fra, for den så ut til å vekke minner hos ham. Da ble hans uttrykk så vekt og ansiktet speilet den smerte som et barn kjenner når det føler seg forlatt. Og han var forlatt, for hans far og mor lå borte på Klara kirkegård, der man ennå hørte klokken fra, og han var et barn, for han trodde ennå på alt, både sannhet og eventyr.

Klokken i Klara tidde, og lyden av skritt på sandgangen rykket ham ut av tan-

鳥かん図で見たストックホルム

デンマーク語	日本語

efter den anden, hørtes endnu langt borte i det fjerne den sidste synge sin fredfyldte melodi ; den havde en højere tone, en renere klang og et hastigere tempo end de andre — for det har den nu engang! Han lyttede og søgte at finde ud af, hvorfra lyden kom ; den syntes at vække minder hos ham. Så blev hans mine så veg, og hans ansigt udtrykte den smerte, som et barn føler, når det mærker, at det er ladt alene. Og han var ganske ensom, for hans far og mor lå ude på Klara kirkegård, hvorfra klokken endnu lød, og han var et barn, for han troede endnu på alt, hvad han hørte, både sagn og sandhed.

Klokken i Klara tav, og han blev revet ud af sine tanker ved lyden af trin

後の歌を歌っているのが聴こえた．その最後のは高い調子の，純粋な響きをもって，他のより早いテンポであった．——というのもそれは今もそういう風なのだ．男はその音がどこからのものか聴き分けようとしていた．それはその男の記憶を呼び覚まそうとするように思われたからである．そのとき男の表情は柔和さをとりもどし，子供の頃独りぼっちにされたとき感じたような心のいたみを顔に表した．男は孤独だった．というのは男の父も，母もクラーラ教会の墓地に埋葬されていて，そこからの鐘の音がまだ聴こえていたのだった．男は本当の話も，作り話もまるごと信じこんでしまうようなまだほんの子供だったのだ．

クラーラ教会の鐘の音がやんだ．男は砂利道を踏みしめる音でわれにかえった．そのとき，

第 1 章

スウェーデン語

sandgången. Emot honom kom från verandan en liten man med stora polisonger, glasögon, vilka tycktes snarare vara avsedda till skydd för blickarne än för ögonen, en elak mun, som alltid antog ett vänligt, till och med godmodigt uttryck, en halvkrossad hatt, snygg överrock med defekta knappar, byxorna hissade på halv stång, gången både antydande säkerhet och skygghet. Det var av hans svävande yttre omöjligt att bestämma samhällsställning eller ålder. Han kunde lika väl tagas för en hantverkare som en tjänsteman, och han syntes vara mellan 29 och 45 år. Nu tycktes han emellertid smickrad av den persons sällskap, som han gick till mötes, ty han lyfte ovanligt

ノルウェー語

kene. Fra verandaen kom en liten mann med store bakkenbarter og briller mot ham, briller som syntes bedre egnet til å beskytte mot blikk utenfra enn til å se ut gjennom, en infam munn, som alltid antok et vennlig, til og med godmodig uttrykk, en medtatt hatt, pen frakk med defekte knapper, bukser heist på halv stang, et ganglag som både antydet sikkerhet og skyhet. Av hans sevevende ytre var det umulig å bestemme samfunnsklasse eller alder. Han kunne like gjerne bli tatt for å være håndverker som embedsmann, og han så ut til å være mellom 29 or 45 år. Nå syntes han imidlertid å være smigret av snart å befinne seg i selskap med den person han gikk i møte,

鳥かん図で見たストックホルム

デンマーク語

på grusgangen. Imod ham kom fra verandaen en lille mand med store bakkenbarter og briller, der snarere syntes beregnede til at skjule hans blik end beskytte hans øjne! En styg mund havde han, men dens udtryk var venligt, ja, godmodigt, en bulet hat, en nydelig overfrakke med defekte knapper; bukserne var hejst på halv stang, og hans gang tydede snart på sikkerhed, snart på generthed. Så ubestemmeligt var hans ydre, at det var umuligt at fastslå hans samfundsstilling eller hans alder. Han kunne lige så godt være håndværker som embedsmand, lige så godt være niogtyve som femogfyrre år. Han syntes smigret ved at træffe den anden, for han løftede sin

日　本　語

男の方に向かって，ベランダから立派なひげをはやして，眼鏡をかけた小柄な男が近付いてきた．その眼鏡は自分の目のためというより，他人の視線から守ろうとするもののように思われた．いつもは親切気に見せかけ，善良そうにさえ見せている意地悪そうな口，半分押しつぶされた帽子，欠けたボタンがついている結構な上着，半旗をかかげたようなズボン，確かさとはずかしさの双方を暗示しているような歩き方，男の不明瞭な外見から，社会的地位や，年齢を見定めるのは不可能であった．その男は手工芸人のようでもあり，小役人のようにも受け取れた．年の頃は二十九歳から四十五歳の間のようにおもわれた．しかし男は自分が属している仲間の集まりでは，何かまつりあげられているかのようにみえた．というのは男はたるんだ帽子をいつになく高くあげて，いかにも上機嫌だというような微笑をた

第 1 章

スウェーデン語

högt den bågnande hatten och tog till sitt godmodigaste leende.

— Häradshövdingen har väl inte väntat?

— Inte ett ögonblick; klockan slutade just att ringa sju. Jag tackar er för att ni var god och kom, ty jag måste erkänna att detta möte är av största vikt för mig; det gäller snart sagt* min framtid, herr Struve.

— Hå kors!

Herr Struve klippte ett slag med ögonlocken, ty han hade endast väntat sig ett toddyparti och var mycket litet angelägen om allvarliga samtal, varför han också hade sina skäl.

— För att vi skola kunna tala bättre, fortfor häradshövdingen, så sitta vi ute,

ノルウェー語

for han hevet sin sammensunkne hatt usedvanlig høyt og iførte seg sitt aller godmodigste smil.

— Sorenskriveren har vel ikke ventet?

— Ikke et øyeblikk; klokken sluttet akkurat å ringe syv. Jeg takker Dem for at De var så vennlig å komme, for jeg må erkjenne at dette møte er av største viktighet for meg; det gjelder så å si min fremtid, herr Struve.

— Herregud!

Herr Struve måtte blunke et par ganger, for han hadde bare ventet seg et lite toddylag, og var svært lite innstilt på alvorlige smataler, og til det hadde han også sine grunner.

— For at vi skal kunne snakke lettere, fortsatte sorenskriveren, så setter vi

鳥かん図で見たストックホルム

| デンマーク語 | 日　本　語 |

brede hat ualmindelig højt og tog sit godmodigste smil på.

　— Hr. fuldmægtigen har vel ikke ventet?

　— Ikke et øjeblik, klokken har jo lige slået syv. Jeg takker Dem, fordi De har været så god at komme, — jeg indrømmer, at dette møde er af den største betydning for mig. Det gælder min fremtid, hr. Struve!

　— Bevares vel!

Hr. Struve glippede med øjelåget; han havde kun ventet sig en lille toddypassiar og var meget lidt oplagt til en alvorlig samtale, hvad han også havde sine gode grunde til.

　— For at vi kan tale bedre med hinanden, vedblev sekretæren, bliver vi sid-

たえていたからである．

　——判事補殿は大分お待ちじゃなかったかな？

　——いえ，ほんのちょっとです．たった今，七時の鐘が鳴ったところですから．よくいらっしゃいました．ストルーベさん，今日お会いしたことは私にとって，一番重要なことの一つで，早くいえば私の将来にかかわるものだと考えています．

　——おお，それはそれは！

ストルーベ氏はちょっとまぶたをピクつかせて見せた．というのはかれはただ皆で一杯やるのを期待していただけで，かれにはかれなりの理由があって，真面目な会話は全然考えていなかったのだ．判事補殿は続けた．

　——色々お話を伺いたいので，もし差し支えありませんでしたら，外で座ってお湯割りでも飲

第 1 章

スウェーデン語

om ni inte har något emot det, och dricka en toddy.

Herr Struve drog ut den högra polisongen, tryckte varsamt ner hatten och tackade för bjudningen, men var orolig.

— För det första, måste jag bedja er icke vidare titulera mig häradshövding, upptog den unge herren samtalet, ty det har jag aldrig varit, utan endast extra ordinarie notarie, och detta senare har jag med i dag upphört att vara och är endast Herr Falk.

— Vad för slag?

Herr Struve såg ut som om han förlorat en fin bekantskap, men förblev godmodig.

— Ni, som är en man med

ノルウェー語

oss ute, hvis De ikke har noe imot det, og tar en toddy.

—Herr Struve trakk kinnskjegget på høyre side ut, trykket hatten varsomt ned på hodet, og takket for invitasjonen. Men han var bekymret.

— For det første må jeg be Dem ikke titulere meg sorenskriver, fortsatte den unge herre samtalen, for det har jeg aldri vært, jeg har bare vært ekstraordinær notar, hvilket jeg forøvrig i dag har opphørt å være, og er nå utelukkende herr Falk.

— Hva for noe?

Herr Struve så ut som om han hadde mistet et fint bekjentskap, men forble godmodig.

— De, som er en mann

鳥かん図で見たストックホルム

デンマーク語	日 本 語

dende udenfor, hvis De ikke har noget imod det, og drikker en toddy.

みましょう.

Hr. Struve trak sig i den højre bakkenbart, trykkede forsigtigt hatten ned på hovedet og takkede for invitationen; men han så noget urolig ud.

ストルーベ氏は右のひげを引っ張ってから, 帽子を注意深く押し下げ, 招待の礼をいった. が内心は不安でもあった.

— For det første må jeg bede Dem ikke i fremtiden titulere mig sekretær, genoptog den unge mand samtalen, for det har jeg aldrig været! De må ikke engang kalde mig fuldmægtig, for det er jeg fra i dag ophørt med at være! Jeg er nu blot hr. Falk!

——まず第一に, これから私のことを判事補殿なんて呼ばないように頼みますよ. 私は判事補でもなんでもない, 臨時雇いのただの書記に過ぎなかったのですし, それに今日はそれもやめて, ただのファルクなんです.

— Hvad for noget?

——何だって？

Hr. Struve så ud, som om han havde mistet et fint bekendtskab, men hans udtryk var stadig lige godmodigt.

ストルーベ氏の方は一人の立派な知己を失ったかのような顔をしたが, 人のよさは残していた.

— De, som er en mand

——君は自由な考えをもって

— 23 —

第 1 章

スウェーデン語

liberala idéer...

Herr Struve försökte begära ordet för att utveckla sig, men Falk fortfor:

— I er egenskap av medarbetare i den frisinnade Rödluvan är det som jag sökt er.

— För all del*, jag är en så obetydlig medarbetare...

— Jag har läst era ljungande artiklar i arbetarfrågan och i alla andra frågor, som ligga oss om hjärtat. Vi räkna nu vårt Anno* III, med romerska siffror, ty det är nu tredje året som den nya representationen sammanträder, och vi skola snart se våra förhoppningar förverkligade. Jag har läst era förträffliga biografier i Bondevännen över de ledande

ノルウェー語

med liberal innstilling...

Herr struve forsøkte å få ordet til et lengre innlegg, men Falk forsatte:

— Det er i Deres egenskap av medarbeider i den frisinnede Rødkluten jeg har tatt kontakt med Dem.

— For all del, jeg er bare en ubetydelig medarbeider...

— Jeg har lest Deres flammende artikler om arbeiderklassens problemer og alle andre problemer som ligger oss på hjertet. Vi regner nå vårt Anno III, med romertall, for det er nå det tredje året den nye representasjonen i Riksdagen trer sammen, og vi burde snart se våre forhåpninger innfridd. Jeg har lest Deres fortreffelige biografier om de førende

鳥かん図で見たストックホルム

デンマーク語	日本語

med liberale ideer…

　Hr. Struve forsøgte at bede om ordet for at udvikle sin mening, men Falk blev ved:

　— I deres egenskab af medarbejder ved det frisindede blad »Den røde hue« har jeg søgt Dem i dag.

　— Ok, for alt i verden, jeg er en så ubetydelig medarbejder…

　— Jeg har læst Deres flammende artikler om arbejderspørgsmålet og alle de andre spørgsmål, der ligger os på hjerte. Vi skriver nu vort Anno III, med romerske tal, thi det er nu på tredje år, den nye repræsentation træder sammen, og vi vil snart få at se, at vore forhåbninger bliver virkeliggjorte. Jeg har læst Deres fortræffelige biografier i »Bondevennen« af

いる人なんだが……

　ストルーベ氏は話をすすめさせるのに適当な言葉を探していたが、ファルクがあとをついだ。

　——自由な気風のレドルーバン新聞でのあなた方ジャーナリストの性格の中にあるもの、それが私が求めていたものなんです。

　——いやいや、私は一介のしがない記者なんだよ……

　——労働者問題や、私たちの心にあるその他のいろいろの問題での、あなたの稲妻のように輝く論文を読ませていただきました。私たちは今、ローマ帝国風に数えて3年目ですね、というのは議会の新しい代表がきまって3年目ですから。そして間もなく私たちの希望が実現するのが見られるでしょう。私は『農民の友』に書かれたあなたのすばらしい伝記を読みました。あれは指導的な政治家たち、それも長く自分の感覚を埋もれさ

第 1 章

スウェーデン語

politiska männen, männen från folket, som slutligen fått framföra vad de så länge burit tungt på sina sinnen; ni är en framåtskridandets man, och jag högaktar er!

Struve, vars blick slocknat i stället för att tändas vid det eldiga talet, mottog med nöje det åskledande anbudet och grep med iver ordet.

— Jag får säga, att det är med en verklig glädje jag hör ett erkännande från en ung och, jag må säga det, utmärkt person som häradshövdingen, men å andra sidan, varför skola vi tala om saker, som äro av alltför allvarlig, för att icke säga* sorglig natur, här, då vi äro ute i naturens sköte, här på vårens första dag, då

ノルウェー語

politikere i Bondevennen, om mennene fra folket, som endelig har fått fremføre det de så lenge har båret så tungt i sitt sinn; De er en fremskrittets mann, og jeg har den største aktelse for Dem!

Struve, hvis blikk hadde sluknet i stedet for å bli antent av den ildfulle talen, mottok med fronøyelse tilbudet om en lynavleder, og grep ordet med iver:

— Jeg må si at det er med stor glede jeg hører slik anerkjennelse fra en ung og, det må jeg virkelig si, utmerket person som sorenskriveren, men på den annen side, hvorfor skal vi snakke om ting som er av så alvorlig, for ikke å si sørgelig natur, her, når vi er ute i naturens skjød, her på vårens første dag, n å r alt

鳥かん図で見たストックホルム

デンマーク語

de ledende politiske mænd, de mænd af folket, som nu endelig har fået lov at fremføre, hvad der så længe har tynget på deres sind. De er en fremskridtets mand, og jeg højagter Dem.

Struve, hvis blik slukkedes i stedet for at tændes ved denne ildfulde tale, modtog med glæde det lynafledende tilbud og tog omgående ordet:

— Jeg må sige, at det er med virkelig glæde, jeg møder en anerkendelse fra en ung og, det må jeg sige, udmærket person som hr. fuldmægtigen. Men, på den anden side, hvorfor skal vi tale om så alvorlige, for ikke at sige sørgelige ting, nu da vi er ude i naturens skød her på forårets første dag, da alting står i knop og

日　本　語

せていたものを，ついには実現させた人たちから出た政治家についてでしたね．あなたは進歩的な方だ．私はあなたを尊敬しています！

ストルーベはそのように熱の入った話に乗る代わりに，視線を伏せて，雷を呼ぶような申し出を喜んで受け入れ，熱心にその言葉を噛みしめていた．

——若い人，それも判事補殿のようなすばらしい方から認めて戴いたということを聞いて本当に嬉しいといわねばならないが，一方，憂鬱な性質とまでいわないにしても，そんな真面目な話をどうしてもせねばならないのかな．今，私たちは外に出て自然のふところの中にいるし，春の始め，物皆，ほころび初め，太陽がその暖かさをあらゆる自然に撒き散らしている．心も軽

第 1 章

スウェーデン語

allting står i sin knoppning och solen sprider sin värme i hela naturen; låt oss vara sorglösa och dricka vårt glas i frid. Förlåt, men jag tror att jag är äldre student — och — vågar — kanske därför föreslå...

Falk, vilken gått ut som en flinta för att söka stål, kände att han huggit i trä. Han mottog anbudet utan någon värme. Och där sutto nu de nya bröderna och hade intet att säga varann, annat än den missräkning som deras ansikten sade.

— Jag nämnde nyss för bror, upptog Falk samtalet, att jag i dag brutit med mitt förra och övergivit ämbetsmannabanan; nu vill jag blott tillägga att jag ämnar bli litteratör!

ノルウェー語

står i knopp og solen sprer sin varme i hele naturen; la oss være sorgløse og drikke vårt glass i fred. Unnskyld meg, men jeg tror at jeg er student av eldre årgang — og — våger — kanskje derfor å foreslå...

Falk, som hadde gått ut som en flintesten for å søke stål, følte at han hadde hugget i tre. Han mottok forslaget uten noen varme. Og der satt nå de to og hadde drukket dus og hadde ingenting å si hverandre, annet enn den feiltagelsen som ansiktene uttrykte.

— Jeg nevnte nettopp for deg, kjære venn, fortsatte Falk samtalen, at jeg i dag har brutt med min fortid og forlatt embedsmannsgjerningen; nå vil jeg bare legge til at jeg akter å bli

鳥かん図で見たストックホルム

デンマーク語	日　本　語
solen spreder sin varme over hele naturen! Lad os være sorgløse og drikke vort glas i fred! Undskyld, men jeg tror, at jeg er ældre student, — derfor — tør jeg — måske foreslå...	く，安らぎの中でグラスをあけようじゃないか．許してくれ給え，私の方が老書生だと思うものだから——多分，だからあえて提案するんだが……
Falk, der var gået til dette møde opsat på at sætte hårdt mod hårdt, så nu, at han sad med en nikkedukke. Han modtog tilbubet uden varme. Og der sad nu de to dusbrødre og havde ingenting at sige hinanden, og deres ansigter udtrykte kun den skuffelse, de begge følte.	鉄を求めるひうち石のように，外に出てきたファルクは何かはぐらかされたように感じた．かれは仕方なくその申し出を受け入れた．そしてこの二人の新しい兄弟は互いに何もいうことなく座っていたが，各々の顔には見込み違いの表情があった．ファルクが会話を続けた．
— Jeg nævnede før for dig, genoptog Falk samtalen, at jeg i dag har brudt med min fortid og opgivet embedsvejen; nu vil jeg blot tilføje, at jeg har i sinde at blive litterat!	——さっきもお話したのですが，私は今日，今までの役人の職をやめました．実は作家になりたいのです！

第 1 章

スウェーデン語

— Litteratör! Å, kors, varför det då? Men det är ju synd.

— Det är icke synd; men nu har jag att fråga, om bror vet vart jag skall gå för att få något arbete?

— Hm! Det är verkligen svårt att säga. Det strömmar så mycket folk till* från alla håll. Men det ska du inte tänka på. Det är verkligen synd, att du ska avbryta; det är en svår bana, den här litteratörsbanan!

Struve såg ut som om han skulle tycka att det var synd, men kunde icke dölja en viss förnöjelse över att få en olyckskamrat.

— Men säg mig då, fortfor han, orsaken till att du lämnar en bana som ger både ära och makt.

ノルウェー語

litterat!

— Litterat! Å, herregud, hvorfor det da? Men det var da synd.

— Det er ikke synd; men nå må jeg spørre — du vet ikke hvor jeg skal gå for å få noe arbeid?

— Hm! Det er virkelig vanskelig å si. Det strømmer så mye folk til fra alle kanter. Men det skal du ikke tenke på. Det er virkelig synd at du skal bryte over tvert; det er en vanskelig bane å slå inn på, den litterære!

Struve så ut som om han skulle synes at det var synd, men kunne ikke skjule en viss tilfredshet over å få en venn i ulykken.

— Men si meg da, fortsatte han, hva som er årsaken til at du forlater en karriere som gir både ære

鳥かん図で見たストックホルム

デンマーク語	日 本 語

　— Litterat! Herregud, hvorfor det? Det er da synd!

　— Det er ikke synd. Men nu vil jeg spørge dig, om du ved, hvor jeg skal gå hen for at få noget arbejde?

　— Hm! Det er virkelig svært at sige. Der strømmer så mange folk til fra alle kanter. Men det skal du nu ikke bryde dig om. Men synd er det, at du vil opgive at blive embedsmand, det er en tung livsvej, sådan en litterat har foran sig!

　Struve så ud, som om han mente, hvad han sagde, alligevel kunne han vanskeligt skjule en vis glæde ved at få en lidelsesfælle.

　— Men sig mig nu, vedblev han, hvorfor forlader du en bane, som giver både ære og magt?

　――作家だって！いやはや、どうしてなんだい？だが、それは残念だね．

　――そんなことありませんよ．お聞きしたいんですが，何か仕事をするにはどこへ行ったらよいのか，ご存じありませんか？

　――ウム！そいつは曰く言い難いよ．いろんな方面から沢山の人が職を求めてやってくるからね．ま，そんなこと考えなくていいよ．でもお役人をやめたのは本当に残念だね．難しい道だよ，作家への道というのは！

　ストルーベは顔では残念がっているかのようにみせたが，不幸な友をもつことにある種の喜びを隠すことができなかった．かれは続けた．

　――それにしても，それなら名誉と権力を与えてくれる職を捨てるなんて．どういう訳か教えてほしいね．

— 31 —

第 1 章

スウェーデン語

— Ära* åt dem som hava tillvällat sig makten, och makten* åt de hänsynslösa.
— Å, du pratar! Inte är det så farligt heller?
— Inte? Nå, så gärna som vi tala om något annat, så. Jag skall bara ge dig en interiör ifrån *ett* av de sex verk, jag skrev in mig* uti. De fem första lämnade jag genast av den naturliga orsak att där inte fanns något arbete. Varje gång jag kom upp och frågade om det fanns något att göra, så blev svaret alltid: Nej! och jag såg heller aldrig någon som gjorde något. Och det, oaktat jag var i sådana anlitade verk som *Kollegiet för Brännvinsbränningen, Kansliet för Skatternas påläggande och Generaldirektionen för Äm-*

ノルウェー語

og makt.
— Ære for dem som har tilranet seg makten, og makt til de hensynsløse.
— Å, som du snakker! Det er da ikke så ille, vel?
— Ikke det? Nå, vi kan godt snakke om noe annet. Men jeg skal bare gi deg et interiør fra *ett* av de seks embedsverk jeg skrev meg inn ved. De fem første forlot jeg straks av den naturlige årsak at det ikke fantes noe arbeid der. Hver gang jeg kom opp og spurte om det var noe å gjøre, så ble svaret alltid: Nei! og jeg så heller aldri noen andre som gjorde noe. Og det enda jeg var i embedsverk som *Kollegiet for Brennevinsbrenningen, Kanselliet for Skatteforøkelse og Generaldireksjonen for Embedsmennenes Pensjoner*. Men da

— 32 —

鳥かん図で見たストックホルム

デンマーク語	日　本　語

　— Ære til dem, som har tiltaget sig magten, og magten til de hensynsløse!
　— Å hvad! Det er vel ikke så slemt endda?
　— Ikke det? Når vi nu alligevel taler om noget andet, skal jeg lige give dig et interiør fra et af de seks embedskontorer, hvor jeg har været ansat. De første fem forlod jeg straks af den naturlige grund, at der ikke var det mindste at bestille. Hver gang jeg kom derop og spurgte, om der var noget at gøre, var svaret altid: Nej! Og jeg så heller aldrig nogen, som tog sig noget til. Og det til trods for, at det var så betydelige departementer som *Kollegiet for brændevinsbrænding, Kancelliet for skatternes påligning og General-*

　——権力を強奪した奴たちに名誉を，無思慮な奴らに権力をやればいいんです．
　——君は言うね．恐ろしくはないのかね．
　——恐ろしくないかですって？　ええ，他の何かのお話をするのと同じですよ．私が在籍していた六つの役所の一つから内幕をお教えしましょう．始めの五つでは，何も仕事がないというもっとも至極な理由から，すぐに出て行ったのです．出勤して，何かすることがありますか，と尋ねる度に，答えはいつも，"ない"の一点張りで，何か仕事をしている人をみかけたことはありませんでした．酒造協同組合とか，課税事務局とか，公務員年金監督署というような，頼りになる役所にいたにもかかわらずですよ．お互いおもねり会っている多数の役人たちを見ると，これらの人々みんなに給料を支払っている役所というも

— 33 —

第 1 章

<スウェーデン語>

betsmännens Pensioner. Men när jag såg dessa massor av tjänstemän, som krälade på varandra, rann den tanken på mig, att det verk, som skulle utbetala alla dessas löner, dock måtte ha något att göra. Jag skrev följaktligen in mig i *Kollegiet för utbetalandet av Ämbetsmännens löner.*

— Var du i det verket? frågade Struve, som började intresseras.

— Ja. Jag kan aldrig glömma det stora intryck, som min entré i detta fullständigt och väl organiserade ämbetsverk gjorde på mig. Jag kom upp klockan elva f. m.*, emedan verket vid den tiden skulle öppnas. I vaktmästarrummet lågo två unga vaktmästare framstupa på ett bord och läste

<ノルウェー語>

jeg så disse massene med funksjonærer som kravlet og krøp oppå hverandre, kom jeg på den tanke at i det minste det embedsverk som skulle utbetale alle disse lønninger måtte ha noe å gjøre. Jeg skrev meg følgelig inn ved *Kollegiet for Utbetaling av Embedsmennenes Lønninger.*

— Var du ansatt der? spurte Struve, som begynte å bli interessert.

— Ja. Jeg kan aldri glemme det store inntrykk min entré i dette velorganiserte embedsverk gjorde på meg. Jeg kom opp klokken elleve om formiddagen, siden de skulle åpne på den tiden. I vaktmesterrommet mer lå en satt det to unge vaktmestere med nesen i Fedrelandet.

— 34 —

鳥かん図で見たストックホルム

デンマーク語

direktoratet for embedsmændenes pensioner. Men da jeg så disse masser af embedsmænd, som myldrede mellem hinanden, faldt det mig ind, at i hvert fald det kontor, der skulle udbetale alle disse lønninger, måtte have noget at bestille! Altså meldte jeg mig ind i *Kollegiet for udbetaling af embedsmændenes lønninger.*

— Var du på det kontor? spurgte Struve, som begyndte at blive interesseret.

— Ja. Jeg kan aldrig glemme det indtryk, som dette fuldstændigt og godt organiserede embedskontor gjorde på mig. Jeg kom derop kl. 11 om formiddagen, fordi kontoret på den tid skulle åbnes. I budstuen lå to unge bude på maven over et bord og læste »Fædrelandet«.

日本語

のは，もっとすることがあって然るべきだと思うのです．その後，私は"公務員給与支払局"というところに籍をおいたのです．

——君はあの役所にいたのかね．と興味をそそられはじめたストルーベが尋ねた．

——そうです．この完全にして，かつよく組織された役所に入ったとき，私が感じた大きな印象を決して忘れることはできませんよ．午前十一時に開くというので，その時間に出勤したのです．守衛室には二人の若い守衛が机のところでデレッとしてゴシップ新聞『祖国』を読んでいたのです．

第 1 章

スウェーデン語

Fäderneslandet.

— Fäderneslandet?

Struve, som under föregående kastat socker åt gråsparvarne, började spetsa öronen.

— Ja! Jag hälsade god morgon. En svag ormlik rörelse efter herrarnes ryggar antydde att min hälsning mottogs utan avgjord motvilja ; den ena gjorde till och med en gest med högra stövelklacken, vilken skulle gälla för ett handtag. Jag frågade om någon av herrarne var ledig att visa mig lokalen. De förklarade sig förhindrade : de hade order att icke lämna vaktrummet. Jag frågade om det icke fanns flere vaktmästare. Jo, det fanns nog flera. Men övervaktmästaren hade semester, förste vakt-

ノルウェー語

— De leste Fedrelandet?

Struve, som under samtalen hadde kastet sukker til gråspurvene, begynte å spisse ører.

— Ja! Jeg hilste godmorgen. En svak slangelignende bevegelse oppetter ryggen på de to herrer antydet at min hilsen ble mottatt uten definitiv motvilje ; den ene gjorde til og med en gestus med høyre støvelhæl, som skulle illudere en håndhilsen. Jeg spurte om noen av herrene var ledige til å vise meg lokalene. De erklærte seg forhindret : de hadde ordre om ikke å forlate vaktrommet. Jeg spurte om det ikke fantes fler vaktmestere. Jo, det var nok flere. Men overvaktmesteren hadde ferie, førstevakt-

鳥かん図で見たストックホルム

デンマーク語	日　本　語

— »Fædrelandet«?

Struve, der under det foregående havde siddet og kastet sukker til gråspurvene, begyndte at spidse øren.

— Ja! Jeg hilste godmorgen. En svag, slangeagtig bevægelse i de herres rygge antydede, at min hilsen blev modtaget uden egentlig modvilje. Den ene gjorde tilmed en bevægelse med den højre støvlehæl, som skulle gælde for et håndtryk. Jeg spurgte, om en af herrerne måske havde tid til at vise mig lokalerne. De erklærede, at det kunne de ikke. De havde ordre til ikke at forlade vagtstuen. Jeg spurgte, om der ikke fandtes flere bude. Jo, der var skam flere. Men budchefen havde ferie, det

――『祖国』だって？

ストルーベは灰色雀に砂糖を投げ与えながら、耳をそばだて始めた。

――そうなんですよ。私は"おはよう"と挨拶しました。その男たちの背中のかすかな蛇のような動きから、私の挨拶が別に特別の反感はもたれていないことが判りました。その中の一人は何か握手をするときにしかしない、長靴のかかとを鳴らす動作すらしたのですから。私はその一人に私の場所を教えてくれるように頼みました。すると連中は、守衛室を離れてはいけない、といわれているので、出来ないというのです。私は、他に守衛は沢山いるのではないか、とききました。すると、そうです、沢山いる、というのです。だが、守衛長は長期休暇をとっていて、第一守衛は休暇で、

第 1 章

スウェーデン語

mästaren hade tjänstledighet, andre vaktmästaren hade permission, den tredje var på Posten, den fjärde var sjuk, den femte var efter dricksvatten, den sjätte var på gården, "och där sitter han hela dan"; för övrigt "brukade aldrig någon tjänsteman vara uppe förr än vid ett-tiden". Därvid fick jag en vink om det opassande i mitt tidiga, störande besök och en erinran om att vaktmästarne även voro tjänstemän.

Sedan jag emellertid förklarat mitt beslut vara att taga ämbetsrummen i sikte, för att därigenom få ett begrepp om arbetets fördelning i ett så maktpåliggande och omfattande verk, fick jag den yngre av de två att följa mig. Det var en

ノルウェー語

mesteren hadde tjenestefri, annenvaktmesteren permisjon, den tredje var på Posten, den fjerde var syk, den femte var etter drikkevann, den sjette var gått i gården, «og der sitter han hele dagen»; forøvrig «pleide aldri noen funksjonær være oppe før ved ettiden». Dermed fikk jeg et vink om det upassende i mitt tidlige, forstyrrende besøk, og en påminnelse om at også en vaktmester var en funksjonær.

Etter at jeg imidlertid hadde forklart at min hensikt var å ta embedsrommene i besiktigelse, for derved å få et begrep om arbeidsfordelingen i et så betydningsfullt og omfattende embedsverk, fikk jeg den yngste av de to til å følge meg. Det

鳥かん図で見たストックホルム

デンマーク語

første bud var fri fra tjenesten, det andet havde fridag, det tredje var på posthuset, det fjerde var syg, det femte var gået ned for at hente noget vand, det sjette var i gården, »og dér sidder han hele dagen!« For øvrigt »plejede tjenestemændene aldrig at komme før ved ét-tiden«. Dermed fik jeg et vink om, at min tilsynekomst på denne tid af døgnet var upassende og forstyrrende, og en påmindelse om, at budene også var tjenestemænd!

Da jeg imidlertid forklarede dem, at jeg ønskede at tage kontorerne i øjesyn for derigennem at få et begreb om arbejdets fordeling i et så betydeligt og omfattende departement, fik jeg den yngste af dem til at følge mig. Det var et storslået

日　本　語

第二守衛は離席許可をもらって外出中で，第三守衛は郵便局に行っており，第四守衛は病気で，第五守衛は飲料水を貰いに出掛けており，第六守衛は畑にでかけていて，一日中そこにいるのだ，というのです．とにかく，一時まえには役人たちは出勤してこないのが習慣だそうです．そこで私はやっと自分の出勤が早過ぎ，連中に迷惑だということが判り，守衛たちも役人の仲間であることを思い出したのです．

しかし，大事な責任もあり，包括的な役所において仕事の配分の概念を摑むため，事務室をこの自分の眼で見る決心できたのだ，と説明して，二人の内の若い方に案内させました．かれがドアを開けて，大小十六の部屋が私の眼のまえに表れたとき，見たのは大した壮観でした．こ

第 1 章

スウェーデン語

storartad anblick som mötte, då han slog upp dörren och en fil av sexton rum, större eller mindre, lågo framför mina blickar. Här måtte väl finnas arbete, tänkte jag, och kände att jag träffat på en lycklig idé. Ljudet av sexton björkvedsbrasor, som flammade i sexton kakelugnar, gjorde ett behagligt avbrott mot ställets ensamhet.

Struve, som lyssnat allt uppmärksammare, letade nu fram en blyertspenna mellan västens tyg och foder och skrev 16 på sin vänstra manschett.
— 'Här är extraordinariernas rum', upplyste vaktmästaren.
— 'Jaså! Är det många extra här i verket?' frågade jag.

ノルウェー語

var et storslagent syn som møtte meg da han slo opp døren og en suite av seksten værelser, større og mindre, lå fremfor meg. Her måtte det vel finnes arbeid, tenkte jeg, og følte at jeg hadde fått en god idé. Lyden av seksten kakkelovner med sprakende bjørkeved representerte et behagelig avbrudd i stedets ødslighet.

Struve, som hadde lyttet stadig mer oppmerksomt, fant nå frem en blyant mellom tøyet og fôret i vesten, og skrev 16 på sin venstre mansjett.
— « Her er de ekstraordinæres rom », opplyste vaktmesteren.
— « Jasså! Er det mange ekstra her i embedsverket? » spurte jeg.

鳥かん図で見たストックホルム

デンマーク語

syn, der mødte mig, da han slog døren op, og en suite på seksten større og mindre værelser lå for mine øjne! Her må der vel være noget at bestille, tænkte jeg, det er åbenbart en god idé, jeg har haft! Jeg husker, hvor det knitrede rundt om; det kom fra birkebrændemål, der flammede i seksten kakkelovne, det lød helt hyggeligt i alle de tomme, tavse rum.

Struve, der mere og mere opmærksomt havde lyttet efter, fandt nu en blyant frem i vestens fór og skrev et *16* på sin venstre manchet.

— Her er volontørernes værelse, oplyste budet.

— Nå sådan! Er der mange volontører på kontoret? spurgte jeg.

日 本 語

こには仕事があるはずだ，と私は思いました．すばらしい考えに出あったものと感じました．十六の暖炉で燃えている，十六のかばのまきの火の音がこの場所のひと気のなさを心地よく打ち破っていました．

より注意深く聞いていたストルーベは今度はチョッキの表地と裏地の間から鉛筆を探し出して，自分の左袖に十六とかきつけた．

——ここが臨時雇いの部屋だよ，と守衛が説明してくれました．

——そうですか，この役所には臨時の人が沢山いるのですか？と私は尋ねました．

第 1 章

スウェーデン語

— 'Åja, nog räcker de till.'
— 'Vad gör de då för slag?'
— 'De skriver, förstås, lite…' — Han såg härvid så förtroendefull ut, att jag ansåg det vara tid att avbryta honom. Sedan vi genomvandrat Kopisternas, Notariernas, Kanslisternas, Revisorns och Revisionssekreterarens, Kontrollörens och Kontrollörsekreterarens, Advokatfiskalens, Kammarförvantens, Arkivariens och Bibliotekariens, Kamrerarens, Kassörens, Ombudsmannens, Protonotariens, Protokollsekreterarens, Aktuariens, Registratorns, Expeditionssekreterarens, Byråchefens och Expeditionschefens rum, stannade vi omsider vid en dörr, på vilken med

ノルウェー語

— « Åja, det er da mange nok. »
— « Hva gjør de for noe, da?»
— « De skriver jo litt, da…» — Og han så samtidig så fortrolig ut at jeg syntes det var på tide å avbryte ham. Etter at vi hadde vandret gjennom kopistenes, notarienes, kansellistenes, revisorens og revisjonssekretærens, kontrollørens og kontrollørsekretærens, embedsadvokatens, bokholderens, arkivarens og bibliotekarens, kontorsjefens, kassererens, ombudsmannens, førstenotarens, protokollsekretærens, aktuarens, registratorens, ekspedisjonssekretærens, byråsjefens og ekspedisjonssjefens rom, stanset vi omsider ved en dør, der det sto skrevet med forgyldte boksta-

鳥かん図で見たストックホルム

デンマーク語	日　本　語
— Ja, dem er der nok af.	——そうさ，沢山いるよ．
— Hvad tager de sig for ?	——ではその人たちは何をしているのですか？
— De skriver, naturligvis — nu og da i al fald... Her så han så tillidsfuld ud, at jeg mente, det var på tide at afbryde ham. Da vi så havde gennemvandret kopisternes, notarernes, kancellisternes, revisorens og revisionssekretærens, kontrollørens og kontrolsekretærens, den offentlige anklagers, kammerregnskabsførerens, arkivarens og bibliotekarens, kæmnerens, kassererens, ombudsmandens, førstenotarens, protokolsekretærens, aktuarens, registratorens, ekspeditionssekretærens, kontorchefens og ekspeditionschefens værelser, stod vi omsider foran en dør, på hvilken der	——その連中は書きものをするね．もちろん，少しだが……かれはここで非常に打ち解けた風情をみせたので，私はかれの話を中断する頃合いであると思いました．われわれは，複写係室，書記室，事務局室，会計係室と会計監査秘書室，監督官室と監督官秘書室，検察官室，収税室，文書課室，図書室，主計官室，出納室，オンブツマンの部屋，主書記局室，議定書秘書室，計算係室，記録係室，郵送秘書官室，事務局長室に郵送局長室と通って，最後に，金文字で"長官室"と書かれたドアの前にきました．私はドアを開けて入ろうとしましたが，守衛にインギンに制止されました．かれはびっくりして，私の腕をとって"静かに"と一言小声でいうのです．私は古い伝説を思

第 1 章

<スウェーデン語>

förgyllda bokstäver stod skrivet : Presidenten. Jag ville öppna dörren och stiga på, men hindrades vördsamt av vaktmästaren, som med verklig oro fattade min arm och viskade ett 'tyst!' — 'Sover han?' kunde jag, med tanken på en gammal sägen, icke underlåta att fråga. 'För Guds skull, säg ingenting ; här får ingen komma in förrän då Presidenten ringer.' — 'Ringer Presidenten ofta då?' — 'Nej, inte har jag hört honom ringa på det år jag har varit här.' — Vi tycktes återigen komma in på det förtroliga området, varför jag avbröt.

När klockan led emot tolv började de extra ordinarie tjänstemännen anlända, och jag blev ganska överraskad att i dem känna

<ノルウェー語>

ver : President. Jeg ville åpne døren og stige inn, men ble på ærbødig vis hindret av vaktmesteren, som med dyp bekymring grep meg i armen og hvisket et «hysj!» — «Sover han?» kunne jeg, med tanke på en gammel historie, ikke unngå å spørre. «For Guds skyld, si ingenting ; her. får ingen komme inn før presidenten ringer.» — «Ringer presidenten ofte da?» — «Nei, ikke har jeg hørt ham ringe på det året jeg har vært her.» — Vi syntes igjen å komme inn på det fortrolige område, så jeg avbrøt.

Da klokken nærmet seg tolv, begynte de ekstraordinære funksjonærer å ankomme, og jeg ble temmelig overrasket over å gjenkjen-

鳥かん図で見たストックホルム

デンマーク語	日本語

med forgyldte bogstaver stod skrevet: Præsidenten. Jeg ville åbne døren og gå ind, men blev holdt tilbage af det ærefrygtige bud, som dybt foruroliget greb min arm og tyssede på mig. ― »Sover han?« kunne jeg med tanken på en gammel fabel ikke lade være med at spørge. »For Guds skyld, sig ingenting; her må ingen få lov at komme ind, før præsidenten selv ringer.« ― »Ringer præsidenten da ofte?« ― »Nej, jeg har ikke hørt ham ringe i det år, jeg har været her.« ― Det syntes, som om vi atter en gang var ved at komme på fortrolig fod, hvorfor jeg afbrød.

Da klokken nærmede sig tolv, begyndte de ekstraordinære embedsmænd at arrivere, og jeg blev ganske overrasket over at træffe

い浮かべて、"寝ているのですか?"と尋ねざるを得ませんでした。すると、ああ、何もしゃべってはいけないね。ここではだれも、長官が呼ぶまでは入ってはいけないの、と言います。――では、時には長官が呼ぶのですか?と聞くと、かれはここにきて一年になるが、長官がベルをならしたのは聞いたことがない、とのことです。私たちに再び親密になりそうな気配がもどってきたので、話をやめました。

十二時になる頃、やっと臨時職員たちが出勤し始めました。その中に、公務員年金監督署や、酒造共同組合からのかなり古い知り合いがいたのにはいささか

第 1 章

<スウェーデン語>

igen idel gamla bekanta från Generaldirektionen för Ämbetsmännens Pensioner och Kollegiet för Brännvinsbränningen. Men större ändå blev min överraskning då jag fick se Kammarförvanten från Skatternas påläggande komma inpromenerande och här sätta sig i Aktuariens rum och skinnstol och göra sig lika hemmastadd som jag sett honom på förra stället.

Jag tog en av de unga herrarne avisdes och frågade honom om han icke ansåg lämpligt, att jag gick in och uppvaktade presidenten. 'Tyst' var hans hemlighetsfulla svar, i det* han förde mig in i det åttonde rummet! Åter detta hemlighetsfulla 'tyst!'

Rummet, i vilket vi befun-

<ノルウェー語>

ne en del gamle kjente fra Generaldireksjonen for Embedsmennenes Pensjoner og Kollegiet for Brennevinsbrenningen. Men enda større ble min overraskelse da jeg fikk se bokholderen fra Skatteforøkelse komme spankulerende inn og sette seg her i aktuarens rom og skinnstol og være like hjemmevant som jeg hadde sett ham på det første stedet.

Jeg tok en av de unge herrer tilside og spurte om han ikke anså det passende at jeg gikk inn og gjorde presidenten min oppvartning. «Hysj» var det hemmelighetsfulle svar jeg fikk, idet han førte meg inn i det åttende rommet! Igjen dette hemmelighetsfulle «hysj!»

Rommet som vi nå befant

鳥かん図で見たストックホルム

デンマーク語	日 本 語
lutter gamle bekendte fra Generaldirektoratet for embedsmændenes pensioner og Kollegiet for brændevinsbrænding. Men endnu større blev min overraskelse, da jeg så kammerregnskabsføreren for Skatternes påligning komme spadserende og sætte sig ind i aktuarens værelse og i hans læderstol! Han var åbenbart lige så hjemme her som på det andet sted.	驚きました．しかしもっと驚いたのは，課税事務局での収税係がノコノコ入ってきて，計算係の部屋に行き，革張りのいすに座って，以前見たように自分の家のように振る舞っているのを見たときでした．
Jeg tog en af de unge herrer afsides og spurgte ham, om han ikke mente, det var passende, at jeg gik ind og gjorde departementschefen min opvartning. Han tyssede forskrækket på mig, og til svar førte han mig ind i det ottende værelse! Atter dette hemmelighedsfulde »Tys«!	私は若い男の一人のそばによって，私が長官室に入って待ったらいけないと思うか，と尋ねました．すると"静かに"というのがかれのそっと言ってくれた返事で，かれは私を八番目の部屋につれていき，もういっぺんそっと"静かに"というのです．
Værelset, vi befandt os i,	そのとき私たちが入った部屋

第 1 章

スウェーデン語

no oss nu, var lika mörkt, men smutsigare än alla de andra. Tagelsuddar stucko ut genom de spruckna* skinnen på möblerna; dammet låg tjockt över skrivbordet, på vilket stod ett utsinat* bläckhorn; där låg också en obegagnad lackstång, på vilken den forne ägaren textat sitt namn i anglosaxiska bokstäver, en papperssax, vars käftar gått i lås av rost, en datumvisare, som stannat midsommardagen för fem år sedan, en Statskalender, som var fem år gammal, och ett ark gråpapper, på vilket var skrivet Julius Cæsar, Julius Cæsar, Julius Cæsar, minst hundra gånger omväxlande med Gubben Noach, Gubben Noach lika många gånger.

— 'Det här är Arkiva-

ノルウェー語

oss i var like mørkt, men skitnere enn alle de andre. Taglspisser stakk ut gjennom det sprukne skinnet på møblene; støvet lå tykt over skrivebordet, der det sto et inntørket blekkhorn; det lå også en ubrukt lakkstang der, med den tidligere eiers navn påført med angelsaksiske bokstaver, en papirsaks som hadde gått i lås som følge av rust, en bordkalender som viste midtsommerdag for fem år siden, en fem år gammel Statskalender, og et ark gråpapir, der det sto skrevet Julius Cæsar, Julius Cæsar, Julius Cæsar, minst hundre ganger skiftevis med Gubben Noa, Gubben Noa like mange ganger.

— «Dette her er arkiva-

鳥かん図で見たストックホルム

デンマーク語	日　本　語
var lige så mørkt som de andre, men mere snavset. Krølhårstotter stak ud af de revnede lædermøbler; støvet lå tæt over skrivebordet med det udtørrede blækhorn; der lå også en ubenyttet stang lak, som den tidligere ejer havde skrevet sit navn på med gotiske bogstaver, en papirsaks, hvis blade var rustet fast sammen, en datoviser, som var blevet stående på Skt. Hansdag for fem år siden, en statskalender, der var fem år gammel, og et ark gråt underlagspapir, hvorpå der stod skrevet: Julius Cæsar, Julius Cæsar, Julius Cæsar, mindst hundrede gange, afvekslende med Gubben Noah, Gubben Noah, mindst lige så mange gange! — Dette her er arkiva-	はうす暗く、他のどの部屋より汚れていました．ソファーの革の破れ目から馬の毛の詰め物がとび出していたし、机の上のほこりは厚く積もっていて、干上がったインクのつぼが載っていました．そこにはまた、まだ使っていない封印用のワックスの棒もあって、それには古いひげ文字で前の所有者の名前がハッキリと書かれていました．はさみもあって、またのところが錆びついていたし、日付表示器は五年まえの夏至の日を示したままだし、カレンダーも五年まえのがあり、また一枚の灰色の紙があって、それにはユリウス　カエサル、ユリウス　カエサル、と少なくとも百回は書いてあり、それと交互にノア爺さん、ノア爺さん、ともほとんど同じ回数書いてありました．ついて来た男は言いました． ——ここが記録係室だよ．こ

第 1 章

スウェーデン語	ノルウェー語
riens rum, här få vi vara i fred', sade min följeslagare.	rens rom, her får vi være i fred,» sa min følgesvenn.
— 'Kommer inte Arkivarien hit då?' frågade jag.	— «Kommer ikke arkivaren hit da?» spurte jeg.
— 'Han har inte varit här på fem år, så nu lär han väl skämmas att komma hit!'	— «Han har ikke vært her på fem år, så nå er han vel flau for å komme hit!»
— 'Nå, men vem sköter hans tjänst då?'	— «Nå, men hvem er det som skjøtter hans embede da?»
— 'Det gör Bibliotekarien.'	— «Det gjør bibliotekaren.»
— 'Varuti* består då deras tjänstgöring i ett sådant här verk som Kollegiet för utbetalandet av Ämbetsmännens löner?'	— «Hvori består så deres oppgaver i et slikt verk som Kollegiet for Utbetaling av Embedsmennenes Lønninger?»
— 'Det består i att vaktmästarne sortera kvittenserna*, kronologiskt och alfabetiskt, och skicka dem till bokbindarn, varpå bibliotekarien övervakar deras	— «De består i at vaktmesterne sorterer kvitteringene, kronologisk og alfabetisk, og sender dem til bokbinderen, hvopå bibliotekaren overvåket at de blir

鳥かん図で見たストックホルム

デンマーク語	日 本 語
rens værelse, her kan vi få lov til at være i fred, sagde min ledsager.	こでゆっくりして下さい．
— Kommer arkivaren her da ikke? spurgte jeg.	——記録係はこないのですか？と私はたずねました．
— Han har ikke været her i fem år, så nu skammer han sig vel ved at komme her!	——もう五年もここへはやってこないね．ここへくるのが嫌なんだ，との噂だよ．
— Nå, men hvem passer da hans tjeneste?	——へえ，じゃ，だれがかれの仕事をやっているのですか？
— Det gør bibliotekaren.	——図書係がやっているのさ．
— Hvad foretager de sig egentlig i et kontor som dette her? I Kollegiet for udbetalingen af embedsmændenes lønninger? Hvad er deres arbejde?	——じゃ，公務員給与支払局のような役所での方々の仕事はどういうものがあるのですか？
— Det består i, at budene sorterer kvitteringerne, kronologisk og alfabetisk, og sender dem til bogbinderen, hvorpå bibliotekaren fører opsyn med deres op-	——守衛が受取証を年代順，ＡＢＣ順に分類し，製本係に送ると，そこで図書係がそこの適当な棚に並べるのを監督するのだよ．

第 1 章

<スウェーデン語>

uppställande på därtill lämpliga hyllor.'

Struve tycktes numera njuta av samtalet och kastade då och då ner ett ord på sin manschett, och då Falk gjorde en paus, ansåg han sig böra säga något av vikt.

— Nå, men hur fick Arkivarien ut sin lön då?

— Jo, den skickades hem till honom! Var det inte enkelt. Emellertid blev jag nu tillrådd av min unge kamrat att gå in och bocka mig för Aktuarien och bedja honom presentera mig för de andra tjänstemännen, vilka nu började anlända för att röra om elden i sina kakelugnar och njuta av glödhögens sista strålar. Aktuarien skulle vara en

<ノルウェー語>

satt på plass på dertil egnede hyller.»

Struve så nå ut til å nyte samtalen og noterte fra tid til annen et ord på mansjetten, og da Falk tok en pause, anså han at han burde si noe vektig.

— Nå, men hvordan fikk aktuaren ut sin lønn da?

— Jo, den ble sendt hjem til ham! Var det ikke enkelt. Imidlertid ble jeg nå tilrådet av min unge venn å gå inn og bukke for aktuaren og be ham presentere meg for de andre embedsmennene, som nå begynte å ankomme for å rake i ilden i sine kakkelovner og nyte de siste varmestråler fra glohaugen. Aktuaren skulle være en svært mektig og

— 52 —

鳥かん図で見たストックホルム

デンマーク語	日　本　語

stilling på de dertil indrettede hylder.

　Struve så ud, som om han rigtig nød samtalen, nu og da skrev han et ord på sin manchet, og da Falk gjorde en pause, syntes han åbenbart, at han burde indskyde en betydningsfuld bemærkning.

　— Hvordan fik da arkivaren sin løn udbetalt? spurgte han.

　— Den blev sendt hjem til ham! Var det ikke ligetil? Nå, min nye kollega rådede mig nu til at gå ind og bukke for aktuaren og bede ham præsentere mig for de andre embedsmænd, der efterhånden indfandt sig for at rage op i ilden i deres kakkelovne og nyde godt af glødernes sidste stråler. Akturaren var en meget mægtig og tillige en velvil-

　ストルーベは今や話を楽しんでいる様子で，ときどき単語を自分の袖口に書きつけ，ファルクが間をおいたとき，なにか重要なことを言うべきだ，と思っているように見えた．

　——だけど，それじゃ記録係はどういう風にして給料を貰っていたんでしょう？

　——そうなんだよ，給料は家に送って貰っていたんだよ．こんな簡単なことはないね．しかし，私はこの若い仲間に，主計官のところにいって，他の役人たちに紹介して貰うのがよい，と忠告をうけました．その頃には皆さんの顔が揃いはじめ，暖炉の火などをいじったりして，燃えさしの最後の光を楽しんでいました．主計官というのはたいそう，力もあるし，気もいい人であり，またとてもよく気が

— 53 —

第 1 章

<u>スウェーデン語</u>

mycket mäktig och även godsint person, berättade min vän, och tyckte mycket om uppmärksamhet.

Nu hade jag, som känt Aktuarien i egenskap av Kammarförvant, haft helt andra tankar om honom, men jag trodde min kamrat och steg på.

I en bred karmstol framför kakelugnen satt den fruktade och sträckte sina fötter på en renhud. Han var strängt sysselsatt med att röka in ett äkta sjöskumsmunstycke, vilket han sytt in i ett handsskinn. För att icke vara sysslolös hade han tagit ihop med gårdagens Posttidning*, för att få nödiga underrättelser om Regeringens önskningar.

Vid mitt inträde, som tyck-

<u>ノルウェー語</u>

sågar godlynt person, fortalte min venn, og han satte stor pris på oppmerksomhet.

Nå hadde jeg, som hadde kjent aktuaren i egenskap av bokholder, hatt helt andre tanker om ham, men jeg trodde min venn, og steg på.

I en bred lenestol foran kakkelovnen satt den fryktede og strakte føttene på et rensdyrskinn. Han var alvorlig beskjeftiget med å røke inn et ekte merskumsmunnstykke, som han hadde sydd inn i et hanskeskinn. For ikke å være ubeskjeftiget, hadde han tatt fatt på gårsdagens Lysningsblad, for å få den nødvendige informasjon om regjeringens ønskemål.

Ved min inntreden, som

鳥かん図で見たストックホルム

デンマーク語	日 本 語
lig person, berettede min ven, han satte pris på, at man viste ham opmærksomhed.	つく人だとの評判だ、と友人はいいました。
Men jeg havde kendt aktuaren i hans egenskab af kammerregnskabsfører og havde ganske andre tanker om ham. Havde han måske forandret sig? Jeg gik ind.	私は主計官というのは収税係と同じようなものかと思っていましたが、まったく違っていました。しかし私は同僚を信じて、部屋に入りました。
I en bred lænestol foran kakkelovnen sad den frygtede embedsmand med benene straks ud over et rensdyrskind. Han var strengt optaget af at ryge et ægte merskumsrør til, som han havde fået syet ind i et handskeskind. For ikke at være uden beskæftigelse havde han givet sig i lag med gårsdagens Statstidende; han måtte jo have fornøden underretning om regeringens ønsker.	暖炉のまえの幅の広いひじかけ椅子に恐ろしい人が座っていて、足をとなかいの皮の上に伸ばしていました。かれはきびしい表情で、革のケースに入れこまれていた本物の、海泡石のパイプのいぶしこみをしているところでした。かれはヒマにならないように、昨日の官報を集めて、政府の意向に関する必要な情報を得ようとしていました。
Da han så mig, fik han et	私が入っていくと、かれは気

— 55 —

第 1 章

スウェーデン語

tes göra honom bedrövad, sköt han upp glasögonen och lade dem på sin kala hjässa; högra ögat gömde han bakom tidningens marginal och lossade med det vänstra en spetskula mot mig. Jag framförde mitt ärende. Han tog munstycket i högra handen och såg efter huru långt det "slagit an". Den förfärliga tysnad som nu uppstod bekräftade alla mina farhågor. Han harklade* och framkallade därefter ett starkt fräsande ljud i glödhögen. Därefter erinrade han sig tidningen och fortsatte läsningen. Jag ansåg mig böra repetera mitt andragande med någon variation. Då stod han inte ut längre. 'Vaffa-en* menar herrn? Vaffa-en vill herrn i mitt rum! Får jag inte vara i fred i mitt eget rum? Va!?

ノルウェー語

syntes å gjøre ham bedrøvet, skjøv han opp brillene og lot dem hvile på sin blanke skalle; høyre øye gjemte han bak avisens marg og løsnet med det venstre et skarpt skudd mot meg. Jeg fremførte mitt ærend. Han tok munnstykket i høyre hånd og så etter hvor langt det hadde fått farve. Den forferdelige stillhet som nå oppsto bekreftet alle mine bange anelser. Han harket og fremkalte deretter en sterkt fresende lyd i glohaugen. Hvoretter han kom i tanker om avisen, og fortsatte lesningen. Jeg anså at jeg burde repetere min anmodning, med en viss variasjon. Da holdt han ikke ut lenger. «Hvaffa-an er det De mener? Hvaffa-an er det De vil på mitt rom! Får jeg ikke være i fred i mitt

鳥かん図で見たストックホルム

デンマーク語	日 本 語
dybt bekymret udtryk, han skød brillerne i vejret og anbragte dem på sin skaldede isse; det højre øje gemte han bag avisen, med det venstre skød han med skarpt imod mig. Jeg fremførte mit ærinde. Han tog piben i sin højre hånd og så efter, hvor langt den var røget til. Den forfærdelige tavshed, som nu opstod, bekræftede alle mine mistanker. Han harkede, og straks efter sydede det kraftigt i ovnens gløder. Derpå kom han i tanker om avisen og fortsatte sin læsning. Jeg mente, at jeg burde gentage mine ord med nogen variation. Men da kunne han ikke holde det ud længere. »Hva' fa'en mener De? Hva' fa'en vil De her i mit værelse! Kan jeg ikke få lov at være i fred i mit eget være-	分をこわした様子で、眼鏡を禿げ頭の上に押し上げました．右目は新聞の縁にかくしながら、左目の鋭い弾丸を私に打ちこんできました．私は自分の用件を話ました．かれは右手でパイプを取り上げ、それがどのくらいいぶしこみができたか確かめていました．そのときの恐ろしい静寂は私のすべての不安をかきたてるようでした．かれは咳払いをしてから、燃えさしをいじってシューシュー大きな音をさせました．そのあと新聞のことを思い出したのか、読むのを続けました．私は自分の話を少し変えてもう一度話すべきだと思いました．そのときかれはもう我慢ができなかったのでしょう、君は何をいいたいのかね！君は私の部屋で何をしたいのかね！私は自分の部屋で静かにしたいのだ．なんだって！出ていきたまえ！私がいそがしいのが判らないのかね！何か言いたいことがあるなら、主書記局で言いた

第 1 章

スウェーデン語

Ut, ut, ut, herre! Vaffa-en ser herrn inte att jag är upptagen! Tala vid protonotarien om herrn vill något! Inte vid mig!' — Jag gick in till protonotarien.

Där var stort materialkollegium, som pågick sedan tre veckor tillbaka. Protonotarien satt ordförande, och tre kanslister skötte protokollet. Leverantörernas insända prov lågo strödda omkring borden, vid vilka alla lediga kanslister, kopister och notarier tagit plats. Man hade ehuru med stor meningsskiljaktighet beslutat sig för 2 balar Lessebopapper, och efter upprepade provklippningar stannat vid 48 saxar av Gråtorps prisbelönta tillverkning (i vilket bruk aktuarien ägde 25 aktier); provskriv-

ノルウェー語

eget rom? Hva!? Ut, ut, ut, min herre! Hvaffa-en—ser De ikke at jeg er opptatt! Snakk med førstenotaren hvis det er noe De vil! Ikke med meg!» — Jeg gikk inn til førstenotaren.

Der var det et stort materialmøte, som hadde pågått i tre uker. Førstenotar var ordstyrer, og tre kansellister tok seg av protokollen. Leverandørenes innsendte prøver lå strødd omkring bordene, der alle ledige kansellister, kopister og notarer hadde tatt plass. Man hadde, om enn med store meningsforskjeller, besluttet seg for 2 baller Lessebopapir, og etter gjentatte prøveklipninger blitt stående ved 48 sakser av det prisbelønte produkt fra Gråtorp (et selskap aktuaren hadde 25 aksjer i); prø-

鳥かん図で見たストックホルム

| デンマーク語 | 日 本 語 |

lse, hva'? Herut, herut, herut, min herre! Hva' fa' en, ser De ikke, at jeg er optaget! Tal med førstenotar, hvis der er noget, De vill Ikke med mig!» — Jeg gik ind til førstenotaren.

Derinde blev der holdt stort » materialkollegium «, som havde stået på de sidste tre uger. Førstenotaren førte forsædet, og tre kancellister passede protokollen. Leverandørernes prøver lå strøet hen over bordet, ved hvilket alle ledige kancellister, kopister og notarer havde taget plads. Man havde, om end med store meningsuoverensstemmelser, besluttet sig til to baller Lessebopapir og var efter gentagne prøveklipninger blevet stående ved otteogfyrre sakse af Gråtorps prisbelønnede fabrikat (i hvil-

まえ！私では駄目だ！というのです．——それで私は主書記局へ行きました．

そこでは用度品調達大会議が開かれていましたが，それはもう三週間も続いているのです．主席書記を議長として，三人の事務官が記録をとっていました．売り込み人たちが送ったサンプルが机の回りにちらばっていて，そこにひまな事務員や，複写係や，書記たちが沢山たむろしていました．大きな意見の相違があったにもかかわらず，二包みのレッセボー紙の注文がきまりました．そして何度も何度も試し切りをしたあとで，グロートルプの値段に合った四十八丁のはさみの購入がきまりました（主計官はそこの工場の株を二十五株もっているのです）．鋼鉄ペンのためし書きにはまるま

第 1 章

スウェーデン語

ningen med stålpennorna hade fordrat en hel vecka, och protokollet över densamma hade slukat 2 ris papper; nu hade man kommit till pennknivarne, och kollegiet satt just och prövade desamma på de svarta bordsskivorna.

— 'Jag föreslår Sheffields tvåbladiga n:o 4, utan korkskruv', sade protonotarien, och tog en flisa ur bordsskivan, så stor att man kunde tända en brasa med den. 'Vad säger första notarien?'

Denne, som vid provskärningen tagit för djupt och råkat på en spik, vilken skadat en trebladig Eskilstuna n:o 2, föreslog nämnde sort.

Sedan alla yttrat sig och

ノルウェー語

veskrivningen med stålpennene hadde krevd en hel uke, og protokollen over samme hadde slukt 2 ris papir; nå hadde man kommet til penneknivene og satt akkurat og prøvde disse på de svarte bordplatene.

—«Jeg foreslår Sheffields tobladete nr. 4, uten korketrekker,» sa førstenotaren, og skar en flis fra bordplaten, så stor at man kunne tenne opp i ovnen med den. «Hva sier førstesekretæren?»

Denne, som under prøveskjæringen hadde skåret for dypt og støtt på en spiker, hvilket hadde skadet en Eskilstuna nr. 2, foreslo nevnte sort.

Etter at alle hadde ytret

鳥かん図で見たストックホルム

デンマーク語

ken fabriksvirksomhed aktuaren ejede 25 aktier); prøveskrivningen med stålpenne havde krævet en hel uge, og protokollen herover havde slugt to ris papir; nu var man kommet til penneknivene, og kollegiet sad netop og prøvede dem på de sorte bordplader.

— Jeg foreslår Sheffields tobladede nr. 4, uden proptrækker, sagde førstenotaren og skar en flis af bordpladen, så stor at man kunne tænde op i kaminen med den. Hvad siger sekretæren?

Denne, der ved prøveskæringen havde skåret for dybt og var stødt på et søm, som havde ødelagt en trebladet Eskilstuna nr. 2, foreslog den nævnte sort.

Efter at alle havde ytret

日 本 語

る一週間もかかり，そのことについての記録に二連（約1000枚）の紙が必要でした．ちょうど私が行ったときは折り畳みナイフの番で，委員たちはそれを黒板の上で試すところでした．

——私は栓抜きなしのシェフィールドの二枚刃の四号を提案します，と主席書記はいいながら，黒板のへりから，木片を削りとりました．その木片は十分大きかったので，たきつけにすることができるほどでした．そして——第一書記殿はどう思うかね？とききました．

第一書記は試し切りをやったんですが，それが深く切りすぎてくぎに当たり，三枚刃のエスキルスチューナの二号を傷つけてしまいましたが，かれはそれを購入することをすすめました．

みなが自分の意見をいい，自

第 1 章

スウェーデン語

strängt motiverat sina meningar med bifogande av praktiska prov, beslöt ordföranden, att man skulle taga två gross Sheffield.

Häremot reserverade sig första notarien i ett längre anförande, som togs i protokoll, kopierades i två exemplar, registrerades, sortera des (alfabetiskt och kronologiskt), inbands och uppställdes av vaktmästare under bibliotekariens överinseende på lämplig hylla. Denna reservation genomandades av en varmt fosterländsk känsla och gick huvudsakligen ut på att visa det nödvändiga i att staten uppmuntrade de inhemska manufakturerna. Som detta innehöll en anklagelse mot regeringen, då den ju träffat en regeringens ämbetsman,

ノルウェー語

seg og omhyggelig motivert sine synspunkter med støtte av dokumentasjon i praktiske øvelser, besluttet ordstyreren at man skulle ta to gross av Sheffield.

Førstesekretæren reserverte seg mot dette i et lengre innlegg, som ble ført til protokolls, kopiert i to eksemplarer, registrert, sor tert (alfabetisk og kronologisk), innbundet og satt på plass på egnet hylle av vaktmestere under overoppsyn av bibliotekaren. Reservasjonen var gjennomstrømmet av en varm følelse for fedrelandet, og gikk hovedsakelig ut på å vise det nødvendige i at staten oppmuntret landets egne fabrikanter. Da dette innebar en anklage mot regjeringen, idet den hadde rammet en regjeringens embedsmann,

鳥かん図で見たストックホルム

デンマーク語	日本語

sig og strengt motiveret deres meninger med vedføjelse af praktiske prøver, besluttede ordføreren, at man skulle tage 2 gros Sheffield.

Heroverfor tog sekretæren reservation i et længere indlæg, som blev ført til protokols, kopieredes i to eksemplarer, registreredes, sorteredes (alfabetisk og kronologisk), indbandtes og opstilledes under bibliotekarens overopsyn på den dertil bestemte hylde. Denne reservation var beåndet af en varm fædrelandsk følelse og gik hovedsagelig ud på at vise det nødvendige i, at staten opmuntrede den hjemlige industri. Da dette indeholdt en anklage mod regeringen, fordi det jo ramte en af regeringens embedsmænd, måtte førstenotaren

分の主張する理由を強調した後，実際にテストを行ってから，議長がシェフィールドを二グロス買うことにすべきだ，と結びました．

ところが，第一書記はそれに対し，長々と反論しましたが，これを全部，調書にとり，二部複写し，登録し，分類し，（アルファベット順と，年代順に）製本し，守衛によって，図書係の監督下に，然るべき棚におかれたのです．この反論は温かい愛国心から出たものです．そもそも国は国内産業を鼓舞する必要があり，それを示すべきということに主眼をおいたものでした．このように政府に対する告発を含むものに，政府の一役人が出会うとき，主席書記としては政府を守る立場にたたねばなりません．かれは製造割引（この割引という言葉が述べられたとき，臨時雇いの連中はすべて耳をそばだてました）の歴史的

第 1 章

スウェーデン語

måste protonotarien taga regeringens försvar. Han började med en historik över manufakturdiskontens uppkomst (vid nämnandet av "diskonten" spetsade alla extra ordinarierna öronen), kastade en blick på landets ekonomiska utveckling under de sista tjugo åren, varvid han fördjupade sig så i detaljerna, att klockan slog tu i Riddarholmen, innan han hunnit till ämnet. Vid det fatala klockslaget störtade alla tjänstemännen upp från sina platser som om elden varit lös. Då jag frågade en ung kamrat vad detta skulle betyda, svarade den gamle notarien, som hört min fråga : "En ämbetsmans första plikt, herre, är att vara punktlig, herre !" Två minuter över tu fanns inte ett liv i de

ノルウェー語

måtte førstenotaren ta regjeringen i forsvar. Han begynte med et historisk tilba keblikk på jern- og stålvarediskontoens oppkomst (ved ordet «diskonto» spisset alle de ekstraordinære ører), ga en oversikt over landets økonomiske utvikling de siste tyve år, hvorunder han fordypet seg slik i detaljene at klokken slo to i Riddarholmen før han var kommet til saken. Ved det fatale klokkeslaget styrtet alle funksjonærene opp fra plassene sine som om ilden var løs. Da jeg spurte en ung venn hva dette skulle bety, svarte den gamle notaren, som hadde hørt mitt spørsmål : «En embedsmanns første plikt, min herre, er å være punktlig, min herre !» To minutter over to fantes det ikke liv i noen av

鳥かん図で見たストックホルム

デンマーク語	日　本　語
tage regeringens forsvar. Han begyndte med en historisk beretning om industridiskontoens opkomst (ved omtalen af »diskontoen« spidsede alle volontørerne øren), kastede et blik over landets økonomiske udvikling i de sidste tyve år, men fordybede sig her i den grad i enkeltheder, at klokken slog to på Ridderholmen, inden han var nået frem til emnet. På det fatale klokkeslæt sprang alle embedsmændene op fra deres pladser, som om der var gået ild i huset. Da jeg spurgte en ung kollega, hvad det skulle betyde, svarede en gammel notar, der havde hørt mig spørge :»En embedsmands første pligt, min herre, er at være punktlig, min herre!« To minutter over to var der ikke et levende	由来から説き起こし、最近二十年間におけるこの国の経済的発展を展望したのですが、それはいささか詳細にわたるものであったため、かれが本題に入るまえに、リッダーホルムの鐘が二時を打ってしまいました。この運命的ともいうべき鐘の音に、すべての役人たちは火事でも起こったかのように一斉に席を立ったのです。私が若い同僚に、一体これはどうなっているのですか、と聞くと、それを耳にした年寄りの書記が"君、役人の第一の義務は時間を守ることだよ"と答えてくれました。二時二分過ぎ、あの多くの部屋に人っ子一人いませんでした！。階段のところで一人の仲間が、明日は暑いぞ、と囁きました。

第 1 章

スウェーデン語

många rummen! 'I morgon få vi en het dag', viskade en kamrat till mig i trappan.

'Vad i Herrans namn blir det då?' frågade jag orolig. 'Blyertspennorna!' svarade han. Och det blev heta dagar! Lackstängerna, kuverten, papperskrivarna, läskpapperet, segelgarnet. Men det gick an, ty alla hade sysselsättning. Det kom dock en dag då denna skulle tryta. Då tog jag mod till mig och bad att få något göra. De gåvo mig sju ris papper att skriva rent hemma, för att jag skulle skaffa mig "meriter". Detta arbete utförde jag på en mycket kort tid, men i stället för att vinna erkännande och uppmuntran blev jag behandlad med misstroende, ty man tyckte inte om

ノルウェー語

rommene! «I morgen får vi det hett her,» hvisket en venn til meg i trappen.

«Hva i Herrens navn blir det da?» spurte jeg bekymret. «Blyantene!» svarte han. Og det ble hete dager! Lakkstengene, konvoluttene, papirknivene, trekkpapiret, seilgarnet. Men det gikk enda an, alle var sysselsatte. Det kom imidlertid en dag da dette ebbet ut. Da tok jeg mot til meg og ba om å få noe å gjøre. De ga meg syv ris papir jeg skulle renskrive hjemme, for at jeg skulle skaffe meg «meritter». Dette arbeidet utførte jeg på meget kort tid, men i stedet for å få anerkjennelse og oppmuntring ble jeg behandlet med mistro, for man syntes ikke om flittige mennesker. Siden fikk

鳥かん図で見たストックホルム

デンマーク語

væsen at se i alle de mange værelser. »I morgen får vi en varm dag,« hviskede en kollega til mig på trappen.

»Hvad i Herrens navn skal der da ske?« spurgte jeg urolig. »Blyanterne!« svarede han. Og det blev varme dage! Lakstængerne, konvolutterne, papirknivene, klatpapiret, sejlgarnet! Men det gik, for alle havde noget at bestille. Men der kom en dag, hvor det ikke gik mere. Så tog jeg mod til mig og bad om at få noget at gøre. De gav mig syv ris papir, som jeg skulle skrive rent hjemme for at få de fornødne »embedskvalifikationer«. Dette arbejde udførte jeg på meget kort tid, men i stedet for at vinde anerkendelse og opmuntring blev jeg behandlet med mistro, man brød sig ikke om flittige

日 本 語

"エッ, 一体, 何があるんですか？"と不安顔で尋ねますと, かれは"鉛筆さ"と答えました. そして実際, いそがしい日が続きました. シールワックス, 封筒, 折り畳みナイフ, 吸い取り紙, 綴じひも. しかし事はトントンと運びました. 皆にする事があったからです. しかし何もすることがない日もあるんです. そのとき私は勇気をだして, 何かすることはありませんか, と聞きました. すると連中は私に七連（約 3500 枚）の紙をよこし, それで自宅で清書をしろ, というのです. そうすれば私の"業績"があがる, というのです. この仕事を私は非常に短時間でやりました. すると, それを認めて貰え, 元気づけられる, と思いきや, 疑いの眼であしらわれたのです. ここでは勤勉な

― 67 ―

第 1 章

スウェーデン語

flitigt folk. Sedan fick jag aldrig något arbete mer. Jag vill bespara dig en plågsam beskrivning på ett år fullt av förödmjukelser, av stygn* utan tal, av bitterhet utan gräns. Allt vad jag ansåg löjligt och smått behandlades med högtidligt allvar, och allt vad jag vördade som stort och berömvärt häcklades. Folket kallades för pack och ansågs endast vara till för garnisonen att ha att skjuta på vid förefallande behov. Man smädade öppet det nya statsskicket och kallade bönderna förrädare.[1] Detta hörde jag på i sju månader; man började misstänka mig, då jag icke deltog i skrattet, och man utmanade mig. Nästa gång man angrep "oppositionshundarne" exploderade jag och höll ett

ノルウェー語

jeg aldri noe mer arbeid. Jeg skal spare deg for en plagsom skildring av ett år fullt av ydmykelser, av talløse stikk, av grenseløs bitterhet. Alt hva jeg anså som latterlig og smått ble behandlet med høytidelig alvor, og alt hva jeg holdt for å være stort og rosverdig ble spottet. Folket ble kalt for pakk og bare ansett som noe garnisonen skulle ha å skyte på ved forefallende behov. Man hånte åpenlyst den nye statsforfatningen og kalte bøndene forrædere.[1] Dette hørte jeg på i syv måneder; man begynte å mistenke meg siden jeg ikke deltok i latteren, og man utfordret meg. Neste gang man angrep «opposisjonssvinene» eksploderte jeg og holdt en forsvarstale som medførte at man visste

鳥かん図で見たストックホルム

デンマーク語	日 本 語

folk. Siden fik jeg aldrig noget arbejde. Jeg vil spare dig for en brydsom beskrivelse af det år, der nu kom, det var fuldt af ydmygelser for mig og utallige stiklerier; jeg blev grænseløs bitter. Alt det, der for mig var latterligt og småt, blev behandlet med højtidelig alvor, og alt, hvad jeg ærede som noget stort og skønt, blev kritiseret. Folket blev kaldt for pak, det var kun til, for at militæret kunne have noget at skyde på, når lejligheden tilbød sig. Man smædede ganske åbenlyst den nye regeringsform og kaldte bønderne forrædere.[1] Dette måtte jeg høre på i syv måneder; så begyndte de andre at nære mistanke til mig, fordi jeg ikke grinede sammen med dem, og de udfordrede mig.

人間は好まれないのです．それ以来，私はまったく仕事を貰えませんでした．私はこの屈辱と，口には出せない激痛と，限度のない悲痛に満ちたこの一年の苦難の記をあなたにお見せしたいのです．私が馬鹿げたこと，些細なことと思うことはすべて，真面目くさって熱心に処理されるし，私が偉大で価値があると尊敬するものはすべて，ケチをつけられるのです．一般民衆は暴徒と呼ばれ，もし事あるときは軍隊の弾丸の的になることが唯一の取り柄でした．新しい国の政策は罵倒され，農民は売国奴[注]と呼ばれていました．私は七カ月間この種のことを聞かされてきました．その間，皆が笑うとき，私が加わらないものですから，みなは私を疑いはじめ，ケンカを吹っかけてきました．この"へそまがり"がおそわれたつぎの機会に，私は爆発して，釈明を一席ぶったのです．それで皆は私の立場が判り，それ以

第 1 章

スウェーデン語

explikationstal som hade till resultat, att man visste var man hade mig och att jag blev omöjlig. Och nu gör jag som så många andra skeppsbrutna : jag kastar mig i armarne på litteraturen !

ノルウェー語

hvor man hadde meg og at jeg gjorde meg umulig. Og nå gjør jeg som så mange andre skibbrudne : Jeg kaster meg i armene på litteraturen !

1) Denna skildring är nu mera osann, sedan ämbetsverkens stor omorganisation blivit företagen.

1) Denne skildring er nå mere usann, etter at man har foretatt den store omorganiseringen av embedsverket.

Struve, som syntes missnöjd med det avstubbade* slutet, stoppade in blyertspennan, drack ur sin toddy och såg förströdd ut. Emellertid ansåg han sig böra tala.

— Kära bror, du har icke lärt dig livets konst ännu ; du skall se huru svårt det är att få ett bröd först, och se huru småningom det blir li-

Struve, som virket misfornøyd med den abrupte avslutningen, stakk blyanten inn i fôret igjen, drakk ut toddyen, og fikk et distré oppsyn. Imidlertid syntes han at han burde si noe.

—Kjære venn, du har ikke lært deg livets kunst ennå ; du skal få se hvor vanskelig det er å skaffe seg et levebrød, og siden hvordan det

— 70 —

鳥かん図で見たストックホルム

<table>
<tr><td>デンマーク語</td><td>日 本 語</td></tr>
</table>

Næste gang de angreb »oppositionshundene«, eksploderede jeg og redegjorde for mit eget syn med det resultat, at de vidste, hvor de havde mig, og at jeg var umulig! Og nu gør jeg som så mange andre forliste: Jeg kaster mig i armene på litteraturen!	来わたしは身動きができなくなったのです．そして今，私は多くの難破者がしたように，文学に身を投ずることにしたのです．
1) Denne skildring er nu ikke mere i overensstemmelse med sandheden, efter at den store omorganisation af embedskontorerne har fundet sted.	注）官庁の仕事の大改革が行われてから，現在この記述は正しくはなくなっている．
Struve var åbenbart misfornøjet med den afsnuppede slutning; han stak sin blyant i lommen og drak sin toddy — han virkede adspredt. Men han mente vel, at han måtte sige noget.	尻切れトンボの結末に，ちょっとばかり落胆したストルーベは，鉛筆をしまいこみ，お湯割りを飲み干して，放心したような顔をした．しかし，かれは何か言うべきだ，と感じていた．
— Du har ikke lært dig livets kunst endnu, sagde han, du skal nok få at se, hvordan det lidt efter lidt bliver det, som det hele	——ウン，君はまだ人生の行き方を学んでいない．君はまず第一に，パンを得ることがいかに難しいものであるか，そしてそれが少しずつ人生の主な関心

第 1 章

スウェーデン語

vets huvudsak. Man arbetar för att få bröd och man äter sitt bröd för att kunna arbeta ihop mera bröd, för att kunna arbeta! Tro mig, jag har hustru och barn och jag vet vad det vill säga. Man måste lämpa sig efter förhållandena, ser du. Man måste lämpa sig! Och du vet inte hurudan en litteratörs ställning är. Litteratören står utom samhället!

— Nå väl, det är straffet, när han vill ställa sig över samhället! För övrigt avskyr jag samhället, ty det vilar ej på fritt fördrag, det är en vävnad av lögn — och jag flyr det med nöje!

— Det börjar bli kallt, anmärkte Struve.

— Ja, skola vi gå?

— Kanske vi gå.

Samtalets låga hade fläm-

ノルウェー語

blir hovedsaken i livet. Man arbeider for å få brød og man spiser sitt brød for å kunne arbeide for mere brød, for å kunne arbeide! Tro meg, jeg har kone og barn og jeg vet hva det vil si. Man må tilpasse seg forholdene, ser du. Man må tilpasse seg! Og du vet ikke hvordan litteratens stilling er. Litteraten står utenfor samfunnet!

— Nåvel, det er straffen, når han vil stille seg over samfunnet! Forøvrig avskyr jeg samfunnet, for det hviler ikke på fri overenskomst, det er en vev av løgner — og det er meg en fornøyelse å flykte fra det!

— Det begynner å bli kaldt, bemerket Struve.

— Ja, skal vi gå?

— Kanskje vi skulle gå.

Samtalens flamme hadde

鳥かん図で見たストックホルム

デンマーク語

kommer an på. Man arbejdet for at få brød, og man æder sit brød for at kunne arbejde sig mere brød til, for at arbejde mere! Tro mig, jeg har kone og børn, og jeg ved, hvad det vil sige. Man må lempe sig efter forholdene, ser du. Man må lempe sig! Og du ved ikke, hvordan en litterats stilling er. Litteraten står uden for samfundet.

— Nå ja, det er straffen, når han vil stille sig over samfundet! For resten afskyr jeg samfundet, det hviler ikke på fri overenskomst, det er et væv af løgn. Og jeg undflyr det med glæde!

— Det begynder at blive koldt, bemærkede Struve.

— Ja, skal vi gå?

— Ja, lad os bare gå.

Samtalens lue blaffede ud.

日 本 語

事になっていくのが判るだろう．人はパンを得るために働く．そしてもっと稼げるようにパンを食べる．働けるようにだよ．私を信じなさい．私には妻も子もあり，それがどういう意味をもっているかが分かっている．君も分かっている通り，人は環境に適応せねばならない．適応せねばならないのだよ！君はまだ文学者の地位がどんなものか，分かっていない．文学者は社会の枠外にいるのだよ．

——そうです，社会の上に身をおこうとするときには罰があるものです．でも私は社会を嫌います．それは自発的な寛容に基礎をおいてないからです．それは嘘で織りなしたものです．私はそんなものよろこんで放棄します．

——寒くなり始めたね，とストルーベがいった．

——そうですね，行きますか．

——それがいいだろう．

会話の炎がゆらゆらとゆらめ

第 1 章

スウェーデン語

tat ut.

Emellertid hade solen gått ned, halvmånen hade äntrat horisonten och stod nu över Ladugårdsgärdet, en och annan stjärna kämpade med dagsljuset, som ännu dröjde uppe i rymden; gaslyktorna tändes nere i staden, som nu började tystna.

Falk och Struve vandrade tillsammans åt norr, samspråkande om handel, sjöfart, näringar och allt annat som icke intresserade dem, varpå de skildes med ömsesidig lättnad.

Under det att nya tankar grodde i hans huvud, vandrade Falk nedåt Strömgatan och framåt Skeppsholmen. Han kände sig lik en fågel som flugit mot en fönsterruta och nu ligger slagen, då han trodde sig

ノルウェー語

sluknet.

I mellomtiden hadde solen gått ned, halvmånen hadde entret horisonten og sto nå over Ladugårdsgärdet, en og annen stjerne kjempet med dagslyset, som ennå nølte der oppe i himmelrommet; gasslyktene ble tent nede i byen, som nå begynte å stilne.

Falk og Struve spaserte sammen nordover, samtalte om handel, sjøfart, næringsliv og alt annet som ikke interesserte dem, hvorpå de skiltes med gjensidig lettelse.

Mens nye tanker spirte i hans hode, vandret Falk nedover Strömgatan og bortover Skeppsbron. Han følte seg som en fugl som hadde fløyet mot en vindusrute og nå lå slagen, da han trodde han hadde løftet vingene for å

鳥かん図で見たストックホルム

デンマーク語	日 本 語

いてきえた.

Imidlertid var solen gået ned, halvmånen var kravlet op over Ladugårdsgärde, en og anden stjerne kæmpede med dagslyset, der endnu dvælede en lille stund højt oppe i himmelrummet. Gaslygterne tændtes nede i byen, som nu begyndte at blive stille.

Falk og Struve vandrede sammen nordpå; de snakkede så småt med hinanden om handel, søfart og andre næringsveje, som ikke interesserede dem; hvorpå de skiltes til gensidig lettelse.

Falk gik ned ad Strømgade hen mod Skeppsholmen, mens nye tanker spirede frem i hans hoved. Han følte sig som en fugl, der er fløjet mod en vinduesrude og nu ligger slået ned, netop som han troede, at han

そうこうしている間に, 太陽が沈み, 半月が地平線からのぼってきて, 東北の方のラドウゴードの野原の上にかかっていた. 星が一つ二つ, まだ上空に残っている陽光と戦っていて, ガス灯が静かになりはじめた街並みにともり始めた.

ファルクとストルーベは一緒の北の方に歩きながら, 商業のこと, 航海のこと, 栄養のことなど, 二人にあまり興味の持てない色々なことについて語り合った. そして最後はお互い気分も軽く別れた.

ファルクは頭の中に新しい考えを醸しながらストレーム通りから, シェップスホルメンの方へぶらぶらと歩いて行った. かれは, たった今, 自由の空へ飛び立とうと羽根を広げたとたん, 窓ガラスに当たって, 地上にダウンしてしまった鳥のように感

第 1 章

スウェーデン語

lyfta vingarne för att flyga rätt ut i det fria. Han satte sig på en bänk vid stranden och hörde på vågskvalpet; en lätt bris susade genom de blommande lönnarne och halvmånen lyste med ett svagt sken över det svarta vattnet; där lågo tjugo, trettio båtar förtöjda vid kajen, och de röcko* i sina kedjor och stucko* upp sina huvuden den ena över den andra, ett ögonblick blott, för att sedan dyka ner; vinden och vågen tycktes jaga dem framåt och de gjorde sina anlopp mot bron likt ett koppel hetsade hundar, men kedjan röck dem tillbaka, och då höggo de och stampade som om de ville slita sig.

Där blev han sittande till midnatt; då somnade vinden, vågorna gingo till vila,

ノルウェー語

fly rett ut i det fri. Han satte seg på en benk ved stranden og hørte på bølgeskvulpet; en lett bris suste gjennom de blomstrende lønnetrærne og halvmånen skinte med et svakt skjær over det svarte vannet; det lå tyve, tredve båter fortøyd ved bryggen, og de rykket i lenkene og stakk hodet opp, den ene over den andre, bare et øyeblikk, for så å dukke ned igjen; vinden og bølgene så ut til å jage dem fremover, og de gjorde sine anfall mot bryggen som et kobbel halsende hunder, men lenken rykket dem tilbake, og da hugget de og stampet som om de ville slite seg.

Der ble han sittende til midnatt; da sovnet vinden, bølgene gikk til ro, de fang-

— 76 —

鳥かん図で見たストックホルム

デンマーク語	日本語

havde bredt sine vinger ud for at flyve op i det fri. Han satte sig på en bænk ved stranden og hørte på bølgeskvulpet; en let brise susede gennem de blomstrende ahorntræer, og halvmånen kastede et svagt lys hen over det sorte vand. Der lå tyve-tredive både fortøjede ved kajen, og de rykkede i deres kæder og stak deres snuder op, den ene over den anden, blot et øjeblik, for så at dukke ned igen; vind og vove jog dem frem, de gjorde deres udfald mod broen som et kobbel hidsede hunde, men kæden trak dem tilbage — og så huggede de i det og stampede, som om de ville slide sig løs.

Dér blev han siddende til midnat. Da sov vinden ind, bølgerne lagde sig til hvile,

じていた．かれは川岸のベンチに腰をおろして，サラサラ流れる水の音を聴いていた．軽いそよ風が花をつけているかえでの木の間をそよいでいて，半月が暗い水面を淡く照らしていた．水面には二十か，三十隻のボートがもやっていて，ある瞬間には鎖を引っ張って，一つ二つと頭をもたげては，次ぎには沈めていた．風と波がそれらをかりたてているように見え，ひもでピシリと叩かれた犬の群れのように，橋にむかって少し進んでは，鎖でひきもどされ，まるで鎖からはなしてくれ，といっているように，嚙みついたり，地団駄踏んだりしていた．

かれは夜遅くまで座っていた．風は止み，波も静かになって，つながれているボートももう鎖

第 1 章

スウェーデン語

de fångna båtarne röcko icke mera i sina kedjor, lönnarne susade ej mer och daggen föll.

Då steg han upp och vandrade drömmande hem till sin ensliga vindskammare långt borta på Ladugårdslandet.

Detta gjorde unge Falk, men gamle Struve, vilken samma dag inträtt i den konservativa Gråkappan, sedan han fått avsked ur Rödluvan, gick hem och skrev till den misstänkta Folkets Fana en korrespondensartikel "Om Kollegiet för utbetalandet av Ämbetsmännens löner", på 4 spalter à 5 kronor spalten.

ノルウェー語

ne båtene rykket ikke lenger i lenkene, lønnetrærne suste ikke lenger, og duggen falt.

Da reiste han seg og vandret drømmende hjem til sitt ensomme kvistkammers langt borte på Ladugårdslandet.

Dette gjorde unge Falk, men gamle Struve, som samme dag hadde trådt inn i den konservative avisen Gråfrakken, etter å ha fått avskjed fra Rødkluten, gikk hjem og skrev en korrespondentartikkel til den tvilsomme Folkets Fane; «Om Kollegiet for Utbetaling av Embedsmennenes Lønninger», en artikkel på 4 spalter à 5 kroner spalten.

鳥かん図で見たストックホルム

デンマーク語	日　本　語

de fangne både rykkede ikke mere i deres kæder, ahorntræerne susede ikke mere, og duggen faldt.

　Da rejste han sig op og vandrede drømmende hjem til sit ensomme kvistkammer langt borte på Ladugårdslandet.

　Dette gjorde den unge Falk. Men den gamle Struve — der just på denne dag var blevet ansat ved det konservative blad *Den grå Kappe*, fordi han havde fået sin afsked ved *Den røde Hue* — gik lige hjem og skrev til det mistænkte *Folkets Fane* en artikel om »Kollegiet for udbetalingen af embedsmændenes lønninger« — på fire spalter à fem kroner spalten.

を引っ張らなくなった．かえでの葉もそのささやきをやめ，露がおり始めた．

　そしてかれは立ち上がり，夢見るような歩き方で遠くラドウゴードの方にある屋根裏の部屋に向かった．

　若いファルクはこうだったが，老ストルーベの方はその日，レドルーバン紙を解雇されたので，保守系のグローカッパン紙にもぐりこんだところであって，早速，家に帰って，悪名高い『民衆の旗』のために"公務員給与支払局について"という通信文を一段五クローネで四段分書いたのであった．

第 2 章

スウェーデン語

ANDRA KAPITLET
Bröder emellan

Linkramhandlaren Carl Nicolaus Falk, son till avlidne linkramhandlaren, en av borgerskapets femtio äldste* och kaptenen vid borgerskapets infanteri, kyrkorådet och ledamoten av direktionen för Stockholms Stads Brandförsäkringskontor Herr Carl Johan Falk och bror till förre e. o.* notarien, numera litteratören Arvid Falk, hade sin affär, eller, som hans ovänner helst kallade den, bod, vid Österlånggatan, så snett emot Ferkens gränd, att bodbetjänten kunde, när han tittade upp från sin roman, som han satt och fuskade med under disken, se ett stycke av en ångbåt, ett hjulhus*, en klyvarbom eller så, och en trädtopp på

ノルウェー語

ANNET KAPITTEL
Brødre imellom

Lerretshandler Carl Nicolaus Falk, sønn av avdøde lerretshandler, en av borgerskapets femti eldste og kaptein ved borgerskapets infanteri, kirkeråd og medlem av direksjonen for Stockholm Bys Brannforsikringskontor, herr Carl Johan Falk, og bror av forhenværende ekstraordinære notar, nå litterat, Arvid Falk, hadde sin forretning, eller som hans uvenner helst kalte den, bod, ved Österlånggatan, så skrått overfor Ferkensmuget at bodbetjenten, når han kikket opp fra romanen han satt og smugleste under disken, kunne se litt av en dampbåt, et hjulhus, en klyverbom eller så, og en tretopp på Skeppshol-

兄弟の間

デンマーク語 | 日本語

ANDET KAPITEL
Mellem brødre

Hørkræmmer Carl Nicolaus Falk var søn af den afdøde hørkræmmer Carl Johan Falk, en af borgerskabets halvtreds ældste, kaptajn ved borgervæbningens infanteri, medlem af menighedsrådet og direktoratet for Stockholms Bys Brandforsikringskontor, og broder til den ovenfor nævnte sekretær, nu litterat Arvid Falk ; han havde sin forretning, eller, som hans uvenner holdt mest af at kalde den : sin bod på Österlånggatan, skrås over for Ferkens Stræde, og når kommis'en kiggede op fra sin roman, som han sad og snød sig til at læse i under disken, kunne han se et stykke af et dampskib : en skor-

第2章
兄弟の間

亜麻商人のカール・ニコラス・ファルクは，死んだ亜麻商人で，市議会の五十人の長老の一人で，民兵の大尉で，教会の相談役で，ストックホルム市の火災保険会社の重役の一人であったカール・ヨハン・ファルク氏の息子であり，以前，臨時雇いの書記で，現在，作家のアービッド・ファルクの兄であり，かれは自分の店，かれの敵にいわせれば，小屋をエステルロング通りに持っていた．そこはフェルケン横町のすぐのすじ向かいであったので，カウンターの下に座って，仕事をサボりながら，小説を読んでいる店員が目をあげると，蒸気船の一部である外輪の覆いや，第二斜しょうなどや，シェップスホルメンの樹々のてっぺんや，その上の空の一部がみえた．ごくありふれたアンダーソンという名で，ま

第 2 章

スウェーデン語

Skeppsholmen samt en bit luft ovanför. Bodbetjänten, som lydde det icke ovanliga namnet Andersson, och han hade lärt lyda, hade nu på morgonen öppnat, hängt ut en lintott, en ryssja, en ålmjärde*, en knippa met spön samt en katse* ospritad* fjäder ; därpå hade han sopat boden och strött sågspån på golvet samt slagit sig ner bakom disken, där han av en tom ljuslåda tillrett ett slags råttfälla, som han gillrat upp med en stångkrok och i vilken hans roman ögonblickligen kunde falla, om patron eller någon av dennes bekanta skulle inträda. Några kunder tycktes han ej befara, dels emedan det var tidigt på morgonen, dels emedan han icke var van vid överflöd på sådana.

ノルウェー語

men, samt en del av luften ovenfor. Bodbetjenten, som løds det ikke uvanlige navn Andersson, og han hadde lært å lyde, hadde nå på morgenkvisten åpnet, hengt ut en lindott, en ruse, en åletine, et knippe fiskestenger, samt en fiskekasse med uspritet fjær, derpå hadde han feid boden og strødd sagflis på gulvet, samt slått seg ned bak disken, der han hadde innrettet en slags rottefelle av en tom lyskasse, som han hadde rigget til med en stangkrok, og der romanen straks kunne forsvinne dersom linhandleren eller noen av hans bekjente skulle komme inn. Noen kunder syntes han ikke å frykte, dels fordi det var tidlig om morgenen, dels fordi han ikke var vant til overflod av slike.

兄弟の間

デンマーク語

sten, en klyverbom og deslige og en trætop på Skeppsholmen samt en lille stump luft ovenover. Kommis'en der lød det ikke usædvanlige navn Andersson — og han havde lært at lyde！— havde om morgenen lukket op, hængt en hørtot, en fiskeruse, en åleruse og et knippe fiskestænger ud samt stillet en kasse urensede fjer uden for døren. Derpå havde han fejet butikken og strøet savsmuld på gulvet og til sidst slået sig ned bag ved disken, hvor han af et låg havde lavet sig en læsepult, som kassen til låget, ved en anordning med en stormkrog, straks kunne smække ned over, hvis principalen eller nogen af hans bekendte skulle træde ind. Kunder ventede han foreløbig ikke nogen af, dels fordi

日 本 語

たそれにふさわしいような店員がたった今，朝の店を開けたところだ．ドアの外に，亜麻の束，長い袋状の魚網，うなぎ取りのかご，釣竿の束，磨いてない鳥の羽根でできた魚篭などを掛け，それから店の中を掃き，おが屑を床にまいてから，カウンターのうしろに座った．そこにかれは空のローソク入れで一種のネズミ捕りをつくった．これにかぎのついた棒を使って，もし主人か，その知り合いのだれかが入ってきたら，すぐにかれの読んでいる本が落ち込むようにした．かれはお客が別に怖くはないと思っていた．一つには朝がまだ早いし，一つにはお客が一杯くるということはよくあることではなかったからであった．

第 2 章

スウェーデン語 | ノルウェー語

Affären hade blivit grundlagd under salig kung Fredriks dagar — Carl Nicolaus Falk hade liksom allt annat även ärvt detta uttryck från sin far, vilken åter fått det i rätt nedstigande linje från farfar — den hade blomstrat och givit ifrån sig bra med pengar förr, ända till för några år sedan, då det olycksaliga "representationsförslaget" kom och gjorde slut på all handel, förstörde alla utsikter, hämmade all företagsamhet och hotade att bringa borgerskapet till undergång. Så uppgav Falk själv, men andra menade att affären icke sköttes och att en svår konkurrent etablerat sig nere vid Slussplan. Falk

Forretningen var blitt grunnlagt på salig kong Fredriks tid — Carl Nicolaus Falk hadde i likhet med alt annet arvet dette uttrykk fra sin far, som igjen hadde fått det i rett nedadstigende linje fra farfar — den hadde blomstret og gitt fra seg godt med penger tidligere, helt til for noen år siden, da det ulykkelige «representasjonsforslaget» kom og gjorde slutt på all handel, ødela alle utsikter, hemmet all foretagsomhet og truet borgerskapet med undergang. Det hevdet Falk selv, men andre mente at forretningen ikke ble skjøttet ordentlig og at en farlig konkurrent hadde etablert seg nede ved Slussplan. Falk snakket imi-

兄弟の間

デンマーク語

det var tidligt på morgenen, dels fordi der almindeligvis ikke kom ret mange.

Forretningen var blevet grundlagt i salig kong Frederiks dage — Carl Nicolaus Falk havde ligesom alt andet også arvet dette udtryk efter sin far, som atter havde fået det fra sin farfar — og den havde blomstret og kastet gode penge af sig, lige til for nogle år siden, da det ulyksalige systemskifte 1865 kom og gjorde ende på al handel, ødelagde alle udsigter, hæmmede al foretagsomhed og truede med at bringe borgerskabet til undergang. Således forklarede Falk selv forholdet, men andre mente, at forretningen ikke blev passet, og at en slem konkurrent havde etableret sig nede ved slusen. Falk

日　本　語

　この店はいまは亡きフレデリック王の時代に設立されたもので———カール・ニコラス・ファルクはこういう言い方も他のすべてのものと一緒に父から受けついだのだが，さかのぼれば，祖父から直々に伝えられたものなのだ．———数年まえまでは，花も咲き，かなりの金を稼いだものだが，あのまことに不幸な(1865年の)"陳情制度"の改正がすべての商業というものを駄目にし，すべての見通しを破滅に導き，すべての企業は妨害され，市民たちは破産への脅威に曝されたのであった．ファルク自身はそういっていたのであるが，他の者たちは，この店が顧みられなくなり，おまけにスルース広場に手ごわい競争相手が出現したためであったと思っていた．しかしファルクは，必要がなければ店の没落について

第 2 章

スウェーデン語

talade dock icke i onödan om affärens lägervall, och han var en tillräckligt klok man att välja både tillfälle och åhörare när han slog an den strängen. När någon av hans gamla affärsvänner framställde en vänlig förundran över den minskade trafiken, då talade han om, att han byggde på sin partihandel på landsorten och bara hade boden som en skylt, och de trodde honom, ty han hade ett litet kontor innanför boden, där han mest vistades, när han icke var ute i stan eller på Börsen. Men när hans bekanta — det var något annat det — det var notarien och magistern — yttrade samma vänliga oro — då var det de dåliga tiderna, härledande sig från representationsförslaget, som vållade stagna-

ノルウェー語

dlertid ikke i utrengsmål om forretningens forfall, og han var en tilstrekkelig klok mann til å velge både anledning og tilhørere når han slo an den strengen. Når noen av hans gamle forretningsvenner uttrykte vennlig forundring over at trafikken var blitt så mye mindre, da fortalte han at han bygde ut sin engrosforretning i provinsen og bare hadde boden som et skilt, og de trodde ham, for han hadde et lite kontor innenfor boden, der han for det meste oppholdt seg når han ikke var ute i byen eller på Børsen. Men når hans bekjente — det var noe annet, det — det var notaren og magisteren — ytret de samme vennlige ord, da var det de dårlige tidene, med røtter i representasjonsforsla-

兄弟の間

デンマーク語

snakkede dog ikke unødvendigt om forretningens forfald, og han var klog nok til selv at vælge både lejligheden og tilhørerne, når han anslog den streng. Hvis en af hans gamle forretningsvenner nu og da udtrykte en venlig forundring over de færre kunder, svarede han, at han nu mest baserede sin omsætning på sin partihandel på provinsen og blot beholdt butikken som et skilt ; de troede ham, for han havde jo et lille kontor bag ved butikken, hvor han for det meste opholdt sig, når han ikke var ude i byen eller på børsen. Men når hans nærmere venner — fuldmægtigen f. eks. eller magisteren — udtrykte den samme venlige uro, så skød han skylden på de dårlige tider,

日 本 語

は語らないし，その断片について触れるときは，機会も聴衆も双方を選ぶという十分な賢明さをもった男であった．だれかかれの古い仕事の友人が，お客が少なくなったことについて親身になって慨嘆してくれると，かれは，自分は田舎で卸業をやるのが主な仕事で，ここではただ看板として店をやっているのだ，と語り，だれもそれを疑わなかった．というのはその店の中に小さな事務所を持っていて，かれは町や，手形交換所に出掛けないときは，たいていそこにいるのが見られたからであった．しかしかれの知り合い———それは何か他の，例えば書記だとか，教師だとかであったが――が同じような好意のある不安をいってくれると，かれは不景気をもたらしたのは，陳情制度を根元とする悪しき時代とするのであった．

第 2 章

スウェーデン語

tionen.

Emellertid hade Andersson, vilken blivit störd av några pojkar, som i dörren frågat vad metspöna kostat, råkat att titta ut åt gatan och fått sikte på unge herr Arvid Falk. Som han fått låna boken av just honom, fick den bli liggande där den låg, och det var med en ton av förtrolighet och en min av hemligt förstånd han hälsade sin förre lekkamrat då denne inträdde i boden.

— Är han där uppe? frågade Falk med en viss oro.

— Han håller på att dricka kaffe, svarade Andersson och pekade åt taket. I det samma hördes

ノルウェー語

get, som forvoldte stagnasjonen.

Imidlertid hadde Andersson, som var blitt forstyrret av noen gutter i døren som hadde spurt om hva fiskestengene kostet, kommet til å kikke ut på gaten og fått øye på unge herr Arvid Falk. Ettersom han hadde fått låne boken av ham, fikk den bli liggende der den lå, og det var med en tone av fortrolighet og en mine av hemmelig samforstand han hilste sin gamle lekekamerat da han kom inn i boden.

— Er han der oppe? spurte Falk med en viss bekymring.

— Han holder på å drikke kaffe, svarte Andersson og pekte mot taket. I det samme hørte man en stol bli

兄弟の間

デンマーク語

og de skyldtes atter system-skiftet, der forvoldte hele stagnationen.

Andersson, der var blevet forstyrret i sit romanstudium af nogle drenge, som henne ved døren havde spurgt, hvad fiskestængerne kostede, rejste sig nu og kiggede lidt ud på gaden; her fik han øje på den unge hr. Arvid Falk. Da han havde fået bogen til låns netop af ham, fik den lov til at blive liggende, hvor den lå, og med en fortrolig tone og en underforståelsens mine hilste han på sin fordums legekammerat.

— Er han deroppe? spurgte Falk med en vis uro.

— Han er ved at drikke kaffe, svarede Andersson og pegede mod loftet. I det samme hørte de en stol

日 本 語

ドアのところに二, 三人の少年たちがやってきて, 釣竿の値段などをきいたものだから, アンダーソンは読書の邪魔をされたが, たまたま通りのほうに目をやると, 若いアービッド・ファルクがやってくるのが目に入った. アンダーソンはちょうどファルクから本を借りているので, カウンターのところで読んでいた本はそのままにし, かれが入ってきたとき, 以前の遊び仲間として, 親愛の調子とひそやかな理解を示す表情で挨拶をした. ファルクはちょっと不安気に尋ねた.

——兄貴は二階にいるかい？

——ええ, コーヒーを飲んでいるところですよ, とアンダーソンは答えて, 天井を指さした. 同時にちょうど二人の頭上で,

第 2 章

スウェーデン語	ノルウェー語
en stol skjutas på ett golv rätt ovanför deras huvuden.	skjøvet på gulvet rett over hodet på dem.
— Nu steg han upp från bordet, herr Arvid.	— Nå reiste han seg fra bordet, meddelte Andersson.
De tycktes båda så väl känna detta ljud och dess betydelse. Därpå hördes tämligen tunga, knarrande steg korsa rummet i alla riktningar och ett dovt mullrande trängde genom trossbottnen* ned till de lyssnande unge männen.	De så begge ut til å kjenne denne lyden og dens betydning. Deretter hørtes temmelig tunge, knirkende skritt krysse rommet i alle retninger og en tung buldring trengte gjennom stubbloftet og ned til de lyttende unge menn.
— Var han hemma i går kväll? frågade Falk.	— Var han hjemme i går kveld? spurte Falk.
— Nej, han var ute.	— Nei, han var ute.
— Med vännerna eller de bekanta?	— Med venner eller bekjente?
— Bekanta.	— Bekjente.
— Och kom sent hem?	— Og kom sent hjem?
— Ganska sent.	— Ganske sent.
— Tror Andersson han kommer ner snart? Jag vill inte gärna gå upp för min	— Tror du han kommer ned snart, Andersson? Jeg vil helst ikke gå opp, av

兄弟の間

デンマーク語	日 本 語

blive skudt tilbage lige oven over deres hoveder.

— Nu rejste han sig fra bordet, hr. Arvid.

Det lod til, at de kendte denne lyd og dens betydning særdeles godt begge to. Nu hørte de tunge, knirkende trin deroppe i alle retninger, og en dump rumlen trængte gennem bjælkelaget ned til de lyttende unge mænd.

— Var han hjemme i aftes? spurgte Falk.
— Nej, han var ude.
— Med vennerne eller med sine bekendte?
— Med sine bekendte.
— Og kom sent hjem?
— Temmelig sent.

— Tror du snart, han kommer ned, Andersson? Jeg vil ikke gerne gå derop for

椅子を押しやる音が聴こえた．

——今，机から立ち上がったのです，アービッドさん．

双方ともこの音と，この音の意味をよく知っていた．かなり重く，引きずるような足どりで，部屋のあちこち歩いて，それが鈍く，二階の床を通してごろごろと響いてくるのが，耳を澄している二人の若者に聴こえてきた．ファルクが聞いた．

——兄貴は昨夜は家にいたかい？
——いいえ，外出でしたよ．
——友達か，知り合いと？

——お知り合いとでしたよ．
——帰ったのは遅かった？
——そう，かなり遅かったですね．

——アンダーソン君，兄貴はすぐ降りてくるだろうか？ぼくはお義姉さんのことがあるもん

第 2 章

スウェーデン語

svägerskas skull.

— Han är nog här snart, det känner jag på stegen.

I detsamma hördes en dörr slås igen där uppe, och där nere växlades en betydelsefull blick. Arvid gjorde en rörelse som om han ämnade gå, men så bemannade han sig.

Om några ögonblick började ljud förnimmas inne på kontoret. En elakartad hosta skakade det lilla rummet, och så hördes de kända stegen som sade : rapp — rapp, rapp — rapp!

Arvid gick innanför disken och knackade på dörren till kontoret.

— Stig på!

Arvid stod inför sin bror. Denne såg ut att vara en

ノルウェー語

hensyn til min svigerinne.

— Han er nok her snart, det merker jeg på skrittene.

I det samme hørte man en dør slå igjen der oppe, og der nede ble det utvekslet betydningsfulle øyekast. Arvid gjorde en bevegelse som om han ville gi seg avsted, men så mannet han seg opp.

Etter kort tid begynte man å fornemme lyder inne på kontoret. En ondartet hoste rystet det lille rommet, og så hørtes de kjente skrittene som sa : rapp - rapp, rapp-rapp!

Arvid gikk innenfor disken og banket på døren til kontoret.

— Kom inn!

Arvid sto overfor sin bror. Denne så ut til å være en

兄弟の間

デンマーク語	日　本　語
min svigerindes skyld.	だから，二階には行きたくないんだ．
— Han kommer sikkert snart, det kan jeg mærke på trinene !	——あの方はすぐ降りてきますよ．歩き方で判ります．
I det samme hørte de en dør blive slået i deroppe, og de vekslede et betydningsfuldt blik. Arvid gjorde en bevægelse, som om han ville gå sin vej. Men så mandede han sig op.	そのとき，二階でドアのバタンという音がして，二人は意味を悟ったように眼を合わせた．アービッドは帰ろうと入口の方に行きかけたが，思い止どまった．
Et øjeblik efter hørte de nogle kendte lyde inde fra kontoret, den ondartede hoste, som rystede det lille værelse, og de sædvanlige løbende skridt op og ned ad gulvet derinde.	しばしあって，事務所の中で再び音がし始めた．なにか毒気を含んだ咳払いが小さな部屋を揺り動かしながら，いつものドシンドシンという足音が聞こえてきた．
Arvid gik inden for disken og bankede på døren til kontoret.	アービッドはカウンターのおくの事務所へ通ずるドアを叩いた．
— Kom ind !	——お入り！
Arvid stod over for sin broder. Carl Nicolaus så ud	アービッドは兄貴のまえに立った．兄貴は年の頃四十歳くら

第 2 章

スウェーデン語

fyrtioåring, och han var så omkring, ty han var femton år äldre än brodern, och därför, och även på andra grunder, hade han vant sig att betrakta honom som en pojke, åt vilken han var far. Han hade ljuslätt hår, ljusa mustascher, ljusa ögonbryn och ögonhår. Han var tämligen fetlagd, och därför kunde han knarra så bra på stövlarne, vilka skredo under tyngden av hans satta figur.

— Är det du bara? frågade han med en obetydlig anstrykning av välvilja och förakt, två oskiljaktliga känslor hos honom, ty han var icke ond på dem som voro under honom i något avseende, och han föraktade dem. Men han såg nu också ut som om han gjort en

ノルウェー語

førtiåring, og han var deromkring, for han var femten år eldre enn broren, og derfor, og dessuten av andre årsaker, hadde han vennet seg til å betrakte ham som en gutt, og seg selv som guttens far. Han var lys i håret, med lyse barter, lyse øyenbryn og øyenvipper. Han var temmelig fetladen, og derfor kunne han knirke så bra med støvlene, som skrek under tyngden av hans satte korpus.

— Er det bare deg? spurte han med en ubetydelig trekning av velvilje og forakt, to følelser som ikke var til å adskille hos ham, for han var ikke uvennlig stemt mot dem som sto under ham på et eller annet vis, og han foraktet dem. Men han så nå også ut som om han

— 94 —

兄弟の間

デンマーク語

til at være fyrre, og deromkring var han, thi han var femten år ældre end broderen. Derfor, om ikke af andre grunde, havde han vænnet sig til at betragte ham som en dreng, han var far for. Han havde blondt hår, lyst overskæg samt lyse øjenbryn og øjenhår. Han var temmelig fedladen; derfor kunne han knirke så godt med støvlerne, de skreg formelig under vægten af hans undersætsige personage.

— Er det bare dig? sagde han med et flygtigt anstrøg af velvilje og foragt. Disse to følelser var uadskillelige hos ham : han var aldrig ondsindet mod dem, som stod under ham, men han foragtede dem. En smule skuffet så han dog ud, for han trængte i øjeblikket til

日　本　語

いで，またそのように見えた．というのはアービッドより十五歳年上で，そのため，また他の理由から，アービッドを子供のように見，自分が父親であるかのように振る舞っていたのだ．かれの髪は白っぽく輝き，口ひげも白く，眉毛もまつ毛も白っぽい色をしていた．かれはかなり太っていたので，靴がいつもギューギューいっていた．つまり，靴はかれの重い体重をもろにうけて悲鳴をあげていたのであった．

　——おまえだけか？兄は弟のアービッドに善意と軽蔑の二つの分離できない感情をかすかに表しながら尋ねた．というのは兄のカールはある点で自分より下にあると思われる人に対しては決して怒ることがなかった．かれはそういう人を軽蔑していたのであった．しかし今，かれは何か誤算をしたかのような顔

— 95 —

第 2 章

スウェーデン語

missräkning, ty han hade väntat något mera tacksamt föremål att få bryta ut på, och brodern var en försynt och timid natur, som aldrig satte sig upp* i onödan.

— Jag stör dig väl inte bror Carl? frågade Arvid, som stannat vid dörren. Denna ödmjuka fråga hade den verkan, att brodern beslöt att ge ett uttryck åt sin välvilja. Han tog sig själv en cigarr ur sitt stora läderfodral med broderi på och bjöd därpå brodern ur en låda, som fått sin plats i närheten av kaminen, emedan cigarrerna — "väncigarrerna", som han öppet kallade dem, och han var en öppen natur — hade varit med om ett skeppsbrott, vil-

ノルウェー語

hadde gjort en feiltagelse, for han hadde ventet et mer takknemlig objekt å overfuse, og broren var en beskjeden og timid natur, som aldri satte seg opp mot noen i utrengsmål.

— Jeg forstyrrer vel ikke, håper jeg? spurte Arvid, som hadde blitt stående ved døren. Dette ydmyke spørsmål hadde den virkning at broren bestemte seg for å gi uttrykk for sin velvilje. Han tok seg en sigar fra sitt store lærfutteral med broderi på, og bød derpå broren fra en kasse som hadde fått sin plass i nærheten av kaminen, idet disse sigarene — «vennesigarene» — som han åpent kalte dem, og han var en åpen natur — hadde vært med på et skibbrudd, hvil-

兄弟の間

デンマーク語

at komme af med den arrigskab, der i de sidste timer havde samlet sig i ham, og han havde håbet på et bedre offer end broderen, der var en tilbageholden og frygtsom natur, som aldrig gjorde sig ud til bens uden grund.

— Jeg forstyrrer dig vel ikke, broder Carl? spurgte Arvid; han var blevet stående ved døren. Dette ydmyge spørgsmål kunne umuligt støde den anden, han slog derfor om og prøvede på at agere velvillig. Han tog sig selv en cigar af sit store, overbroderede læderfoderal og bød derpå broderen af en kasse, som havde fået sin plads i nærheden af kaminen, fordi cigarerne — »vennecigarerne«, som han åbenhjertigt kaldte dem, for han var en oprigtig natur —

日本語

もした．というのは，感情を発散させるためもっと適当なものを期待していたのに，弟の方ははずかしがり屋で，臆病で，不必要には決して盾ついたりするなど，ということをしない男だったからであった．

——カール兄さん，お邪魔でないでしょうか？アービッドはドアのところで立ち止まってきいた．この下手にでた質問は兄に，好意を表現しようと決心させる効果があった．兄は刺しゅう細工のある大きな革袋から葉巻を自分用にとりだし，弟にはストーブの傍らにある箱からのをとってすすめた．この煙草のことを，かれはヌケヌケと"来客用煙草"と呼んでいたが，かれは開けっぴろげでもあるのだ．これは海難事故の際，手に入れたもので，このことはそんなによくないものでも，興味をもたせるものだが，とにかく波打ち

第 2 章

スウェーデン語

ket gjorde dem mycket intressanta, om icke så goda, och en strandauktion, vilket gjorde dem mycket biliga.

— Nåå, vad har du att andraga? frågade Carl Nicolaus i det han tände sin cigarr och därefter stoppade tändsticksasken i fickan — av tankspriddhet, ty han kunde icke hålla tankarne samlade på mera än ett ställe, inom en krets, vilken var icke mycket vid, hans skräddare kunde på tummen säga *huru* vid, när han tog mått om hans liv.

— Jag tänkte få tala om våra affärer, svarade Arvid och tummade sin otända cigarr.

ノルウェー語

ket gjorde dem meget interessante, om enn ikke så gode, samt med på en strandauksjon, hvilket gjorde dem meget billige.

— Nåå, hva har så du på hjertet? spurte Carl Nicolaus idet han tente sin sigar og deretter la fyrstikkesken i lommen — i distraksjon, for han klarte ikke å holde tankene samlet på mer enn ett sted, innenfor en omkrets som ikke var særlig stor, hans skredder kunne på tommen si nøyaktig *hvor* stor, når han målte livvidden på ham.

— Jeg hadde tenkt å snakke litt om våre forretninger, svarte Arvid og fingret med sin utente sigar.

兄弟の間

<table>
<tr><td>デンマーク語</td><td>日 本 語</td></tr>
<tr><td>

havde oplevet et skibbrud, der gjorde dem yderst interessante, om end mindre gode end før, og en strandauktion, der havde gjort dem yderst billige.

— Nå, hvad har du på hjerte? spurgte Carl Nicolaus, idet han tændte sin cigar og derefter puttede tændstikæsken i lommen, distræt som han var! Han kunne ikke holde tankerne samlede om mere end ét punkt ad gangen inden for den forestillingskreds, han beherskede, og den var ikke vid som sådan: hans skrædder kunne på den mindste tomme sige, *hvor* stor den var, nemlig når han tog mål af hans liv!

— Jeg tænkte, at jeg kunne komme til at tale med dig om vores forretninger, sagde Arvid og fingererede

</td><td>

際での競売で非常に安く手にいれたものであるのだ．

——いや，何かいいたいことがあるのかね．カール・ニコラスは自分の葉巻に火をつけながら，聞いた．そのあとボンヤリとマッチ箱をポケットにいれてしまった．というのは，かれはあまり広くない範囲の一点でしか，考えを集中できないのだ．たとえば，かれの仕立て屋はかれの胴まわりを測るとき，その大きさを不器用に（モタモタしながらも）正確にいうことが出来るくらいであった．

——私たちの間の用事についてお話したいのです，とアービッドは答えて，自分の火のついてない葉巻を指でもてあそんで

</td></tr>
</table>

第 2 章

スウェーデン語 | ノルウェー語

— Sitt! kommenderade brodern.

Det var alltid hans vana att bedja folk sitta, då han skulle ta itu med dem, ty han hade dem då under sig och kunde lättare krossa dem — om så behövdes.

— Våra affärer! Ha vi några affärer? började han. Jag vet inte det! *Har du* några affärer, *du*?

— Jag menade endast, att jag ville veta om jag hade någonting att få vidare.

— Vad skulle det vara, om jag får lov att* fråga? Skulle det vara pengar kanske? Va? skämtade Carl Nicolaus och lät brodern njuta av lukten från den fina cigarren. Som han icke

— Sitt! kommanderte broren.

Det var alltid hans vane å be folk sitte når han skulle ta fatt på dem, for da hadde han dem under seg og kunne lettere knuse dem — om det var nødvendig.

— Våre forretninger! Har vi noen forretninger? begynte han. Jeg vet ikke det! *Har du* noen forretninger, *du*?

— Jeg mente bare at jeg ville vite om jeg hadde noe å få fremover.

— Hva skulle det være, om jeg tør spørre? Skulle det være penger, kanskje? Hva? spøkte Carl Nicolaus og lot broren nyte lukten fra den fine sigaren. Siden han ikke fikk noe svar, hvil-

兄弟の間

デンマーク語

med sin utændte cigar.

— Sid ned! kommanderede broderen.

Han bad altid folk om at sidde ned, når han følte, at han skulle ta' et nappetag med dem, så havde han dem under sig og kunne lettere kue dem — hvis det behøvedes.

— Vores forretninger! Har vi forretninger med hinanden? begyndte han. Det ved jeg ikke noget om! Gør du måske forretninger — du?

— Jeg mente bare... jeg ville gerne vide, om jeg måske kunne få noget mere...

— Hvad skal det være, om jeg må få lov at spørge? Skulle det være penge måske? Hvad? spøgte Carl Nicolaus og lod broderen nyde lugten af sin fine cigar. Da han ikke fik noget svar,

日本語

いた.

——まあ座れ, 兄はいった.

人と接しようとするとき, 座るようにいうのは, かれのいつもの習慣であった. というのは, そうすれば人を下に見ることになるし, ——イザというとき, そうした人を粉砕することもやさしくなるのであった. かれは始めた.

——私たちの用事だって! 私たちに何か問題があったのかね. 知らないね. おまえは何か問題があるのかね, おまえは?

——いえ, ただ何かもう少し頂けるものはないか, それが知りたいのです.

——一体, それはどういうことかね. 金のことかね? え? カール・ニコラスは冗談風にいいながら, 弟にいい葉巻の香りをかがした. かれは期待もしてなかったが, 案の定, 返事がないので, 話を続けた.

— 101 —

第 2 章

スウェーデン語 | ノルウェー語

fick något svar, det han icke heller ville ha, måste han tala själv.

— Få? Har du inte fått allt vad du skulle ha? Har du inte själv kvitterat räkningen till förmyndarkammaren*; har jag inte sedan dess fött dig och klätt dig, det vill säga förskotterat dig, för du skall få betala det när du kan en gång, som du också har begärt; jag har skrivit upp det för att ha den dan, då du kan förtjäna ditt bröd själv, och det har du inte gjort ännu.

— Det är just det jag ämnar göra nu och därför har jag kommit hit för att få klart om jag har något att få eller om jag är skyldig något.

Brodern kastade en genom-

ket han heller ikke ville ha, måtte han snakke selv.

—Få? Har du ikke fått alt du skulle ha? Har du ikke selv kvittert på regningen til Overformynderiet; har jeg ikke siden holdt deg med mat og klær, det vil si forskuttert, for du skal få betale det tilbake når du en gang kan det, slik du også har forlangt; jeg har skrevet det opp for å ha det den dagen du klarer å tjene til ditt eget livsopphold, og det har du ennå ikke gjort.

—Det er akkurat det jeg har tenkt å gjøre nå og derfor jeg har kommet hit for å få avklart om jeg har noe til gode eller om jeg er skyldig noe.

Broren kastet et gjennom-

— 102 —

兄弟の間

デンマーク語

hvad han heller ikke ønskede, måtte han tale selv.

— Få noget mere, siger du? Har du ikke fået alt, hvad du skulle have? Har du ikke selv kvitteret regningen til overformynderiet? Har jeg ikke siden da født dig og klædt dig, dvs. forstrakt dig med forskud, for at du skal komme til at betale det tilbage engang, når du kan, det har du jo selv bedt om! Jeg har skrevet det op for at have det den dag, du kan tjene dit brød selv, og det har du endnu ikke gjort.

— Det er lige, hvad jeg har i sinde at gøre nu, og derfor er jeg kommet herhen, jeg ville gerne vide, om jeg kan få noget mere, eller om jeg skylder dig noget?

Broderen kastede et gen-

日本語

——貰えるものだって？おまえは自分に貰うべきもの全部を貰ったのじゃないのかね．後見人事務所への計算書を受け取ったじゃないかね．わたしはおまえをずっと養ってきた，正確にいえば，おまえに前貸ししてやったんではなかったのかね．あるとき払いの催促なしということで．おまえが自分でパンを稼ぐようになったとき，返して貰う，と書きとめてあるけど，おまえはまだ返してないね．

——今，お話ししようと思っていたのはちょうどそのことなんです．私に何か頂けるものがあるのか，それともお借りしているのか，ハッキリさせたくってここにきたのです．

兄貴はこの生け贄に何か下心

第 2 章

スウェーデン語	ノルウェー語

trängande blick på sitt offer
för att utforska om denne
hade några baktankar. Där-
på började han med sina
knarrande stövlar rappa gol-
vet på en diagonal mellan
spottlådan och paraplystäl-
let ; berlockerna* pinglade
på urkedjan liksom varnan-
de folk för att gå i vägen*
och tobaksröken steg upp
och lade sig i långa hotande
moln mellan kakelugnen och
dörren, som om de bebå-
dade åskväder. Han gick häf-
tigt med nedböjt* huvud och
skjutande axlar, liksom om
han läste över* en roll. När
han tycktes kunna den, stan-
nade han framför brodern
och såg honom rätt in i ögat
med en lång, sjögrön, falsk
blick, som skulle se ut som
förtroendet och smärtan, och
med en röst avsedd att låta
som komme den från fami-

trengende blikk på sitt of-
fer for å utforske om han
hadde noen baktanker. Der-
på begynte han med sine
knirkende støvler å krysse
gulvet diagonalt mellom spytt-
ebakken og paraplystati-
vet ; berlokkene ringlet i klok-
kekjedet og liksom advarte
folk mot å gå i veien for
ham, og tobakksrøken steg
til værs og la seg i lange
truende skyer mellom kak-
kelovnen og døren, som om
de varslet torden. Han gikk
heftig, med hodet bøyd og
skuldrene høyt hevet, som
om han leste igjennom en
rolle. Da han syntes å kunne
den, stanset han foran bro-
ren og så ham rett inn i
øynene med et langt, sjø-
grønt, falskt blikk, som skul-
le se ut som det var fylt av
fortrolighet og smerte, og
med en stemme som var

— 104 —

兄弟の間

デンマーク語

nemtrængende blik på sit offer for at udforske, om han havde nogen bagtanke. Derpå begyndte han på knirkende støvler at vandre frem og tilbage han over gulvet mellem spyttebakken og paraplystativet ; pynten på urkæden ringlede for ligesom at advare folk mod at gå ham i vejen, og tobaksrøgen steg til vejrs og lagde sig i lange, truende skyer mellem kakkelovnen og døren, som om den bebudede et tordenvejr. Han gik hurtigt, med bøjet hoved og optrukne skuldre, som om han memorerede en rolle. Til sidst så han ud, som om han kunne den, han standsede foran broderen og så ham lige ind i øjnene med et langt, søgrønt, falsk blik, der skulle se ud som tilliden og smerten selv ! Og med en

日 本 語

があるのではないか、といぶかって、グッと見通すような視線を投げかけた．それからかれはたんつぼと傘立ての間の対角線上の床をギューギューいう長靴で足踏みし始めた．時計鎖につけた飾りがかれの通り道を邪魔する人に警告を発しているかのようにチリンチリンと鳴っていた．葉巻の煙が立ちのぼって、暖炉とドアの間に長い何か脅すような雲になって漂っていて、雷が近付いているのを知らせているかのようだった．かれは何か芝居の役を練習しているかのようで、頭を下げ、肩を突き出して、激しく歩いた．それができるように思えたとき、かれは弟のまえに立ち止まって、長い、海の青さをもった、欺くような視線で、弟の眼をまともにのぞきこんだが、その視線には自信と悲しみをたたえていて、クラーラ教会にある一家の墓から聴こえてくる響きを思わせるような声であった．かれはいった．

第 2 章

スウェーデン語

ljegraven på Klara kyrkogård, sade han:

— Du är inte ärlig, Arvid! Du är inte är-lig!

Vilken åhörare som helst, utom Andersson, som stod och lyssnade bakom boddörren, skulle ha känt sig rörd vid dessa ord, vilka med den djupaste broderliga smärta uttalades av en broder mot en broder. Arvid själv, som från barndomen blivit invand att tro, det alla andra människor voro förträffliga och han själv dålig, funderade verkligen ett ögonblick på, om han var ärlig eller icke, och som hans uppfostrare med tjänliga medel tillverkat åt honom ett högst ömtåligt samvete, fann han sig ha

ノルウェー語

ment å skulle komme fra familiegraven på Klara kirkegård, sa han:

—Du er ikke ærlig, Arvid! Du er ikke ær-lig!

En hvilken som helst tilhører, bortsett fra Andersson, som sto og lyttet bak døren i boden, ville ha blitt rørt ved disse ord, som ble uttalt med den dypeste broderlige smerte, fra en bror til en annen. Arvid selv, som fra barndommen var blitt opplært til å tro at alle andre mennesker var fortreffelige og han selv et dårlig menneske, funderte virkelig et øyeblikk på om han var ærlig eller ei, og siden hans oppdrager med hensiktsmessige midler hadde utviklet en høyst ømtålig samvittighet hos ham, fant han

兄弟の間

デンマーク語

røst, der skulle lyde, som den kom fra familiegraven på Klara kirkegård, sagde han:

— Du er ikke ærlig, Arvid! Du er ikke ærlig!

Hvilken som helst tilhører, undtagen netop Andersson, der stod og lyttede bag butiksdøren, ville være blevet rørt vet disse ord, der lød, som om de var båret af den dybeste broderlige smerte. Selv Arvid, der fra barndommen var blevet vænnet til at tro, at alle andre mennesker var fortræffelige og han selv slet, grundede virkelig et øjeblik på, om han var ærlig eller ikke, og da hans opdragere med dertil egnede midler havde forskaffet ham en højst ømtålelig samvittighed, fandt han, at han havde været

日 本 語

——おまえは率直でないな, アービッド！おまえは率-直でないな！

ドアの向こうで聞き耳をたてていたアンダーソンを除けば, そういわれると, だれでも動揺を感じたであろう. その言葉には兄から弟に対する最も深い兄弟間の苦しみというものが表れていたから. 子供の頃から, 他の人は皆, 立派で, 自分一人劣っている, と信じこまされているアービッド自身は, 実のところ一瞬, 自分が率直であるか, どうか考えこんだ. かれは効果のある教育のおかげで, 非常に傷つきやすい良心をもっていたので, さっき兄にあまり率直でない方法で, 兄さんは悪党ではないか, という質問をしたのが, 確かに単刀直入ではなかったことに気がついた. アービットは

第 2 章

スウェーデン語

varit mindre ärlig eller åtminstone mindre öppen, då han nyss, på ett mindre öppet sätt, framställt sin fråga om brodern var en skurk.

— Jag har kommit till den meningen, sade han, att du bedragit mig på en del av mitt arv ; jag har räknat ut, att du tagit för dyrt för din dåliga kost och dina avlagda kläder ; jag vet att min förmögenhet icke kunnat gå åt till* mina förfärliga studier, och jag tror, att du är skyldig mig en rätt stor summa, som jag nu behöver, och som jag anhåller att få — utbekomma!

Ett leende upplyste broderns ljusa anlete, och med en min så lugn, och en gest så säker, som om han repeterat den i flere år för att

ノルウェー語

at han hadde vært mindre ærlig eller iallfall mindre åpen da han nettopp, på et mindre åpent vis, hadde fremsatt sitt spørsmål om broren var en skurk.

—Jeg har kommet til den slutning, sa han, at du har snytt meg for en del av min arv, jeg har regnet ut at du har tatt for mye for din dårlige kost og dine avlagte klær ; jeg vet at min formue ikke har kunnet gå med til mine forferdelige studier, og jeg tror, at du skylder meg en temmelig stor sum, som jeg nå trenger, og som jeg anmoder om å få — utbetalt!

Et smil opplyste brorens lyse ansikt, og med en mine så rolig og en bevegelse så sikker som skulle han ha innøvd den gjennom år for å

兄弟の間

| デンマーク語 | 日　本　語 |

mindre ærlig, eller i det mindste mindre oprigtig, da han nylig, på en mindre åben måde, fremsatte sit spørgsmål om, hvorvidt broderen var en skurk.

　— Jeg er kommet til den overbevisning, sagde han da, at du har bedraget mig for en del af min arv: Jeg har regnet ud, at du har taget for meget for din usle kost og dine aflagte klæder, jeg ved, at min formue ikke kan være blevet helt slugt af mine skrækkelige studier, og jeg tror, at du skylder mig en temmelig stor sum, som jeg nu behøver, og som jeg anmoder om at få udbetalt!

　Et smil oplyste broderens lyse ansigt, og med en mine så rolig og en bevægelse så sikker, som om han havde øvet sig på i den i flere år

いった．

　——兄さんは遺産の私の分の一部をお盗りになったとの結論に達したのです．計算してみますと，兄さんはご自分のつましい生活費や，着古した洋服の割りには，あまりにも高額なものをお取りになりました．私は私の恐ろしい大学時代に財産を使い果たしたはずはないことを知っています．兄さんは私に相当な額の借金があるはずです．そして今，それが必要ですし———頂きたいのです．

　兄の明るい顔に微笑が漂った．非常に平静な表情と確かな態度で，そのセリフがいわれれば，すぐに答弁できるよう何年も繰り返し準備していたかのように．

— 109 —

第 2 章

スウェーデン語

vara färdig att träda upp så snart repliken sades, stack han handen i byxfickan, skakade nyckelknippan innan han tog upp den, lät den göra en volt i luften och gick med andakt till kassaskåpet. Han öppnade det fortare än han ämnat och ställets helgd kanske tillät, framtog ett papper, som också legat färdigt och väntat på replik. Han räckte det åt brodern.

— Har du skrivit det här?
— Savara! Har du skrivit det här?
— Ja!
Arvid reste sig för att gå.

— Nej, sitt! — sitt! sitt!

Om någon hund varit närvarande, skulle han genast

ノルウェー語

være klar til å opptre straks replikken ble uttalt, stakk han hånden i bukselommen, ristet nøkkelknippet før han tok det opp, lot det gjøre en volt i luften, og gikk med andakt til kassaskapet. Han åpnet det fortere enn han hadde tenkt og stedets helligdom kanskje tillot, tok ut et papir, som også hadde ligget klar og ventet på sin replikk. Han rekte det til broren.

— Har du skrevet dette her? Svar! Har du skrevet dette her?
— Ja!
Arvid reiste seg for å gå.

— Nei, sitt! Sitt! Sitt!

Om en hund hadde vært tilstede, ville den straks ha

兄弟の間

デンマーク語

for at kunne optræde uden mindste vaklen, så snart stikordet lød, stak han hånden i bukselommen, rystede nøgleknippet, inden han tog det op, lod det beskrive en bue i luften og gik med en værdig holdning hen til pengeskabet. Han åbnede det hurtigere end tilsigtet — og stedets helligdom vel egentlig tillod — og tog et papir frem, som også havde ligget parat og ventet på stikordet. Han rakte det til broderen.

— Har du skrevet dette her? — Svar! Har du skrevet dette her?

— Ja!

Arvid rejste sig for at gå.

— Nej, sid ned! — Sid ned! Sid ned!

Hvis en hund havde været til stede, havde den

日 本 語

兄はズボンのポケットに手をいれ, 鍵束をジャラつかせながら取り出し, 空中にポイとほうり上げてから, 厳粛な顔をして金庫の方に行った. 兄はそれを思ったよりも, 多分その場所の神聖さが許したものよりも, 早く開け, 中から, すでに用意され, セリフをまっているかのようにみえた一枚の紙を取り出した. そしてそれを弟の方に突き出した.

——おまえがこれを書いたんだろう？ハッキリ言え！おまえがこれを書いたんだろう？

——ハイ！

アービッドは立ち上がって出て行こうとした.

——待て, 座れ！——座れ！座れ！

もしここに犬がいたら, すぐ座っただろう.

第 2 章

スウェーデン語

suttit.

— Nå, hur står det? Läs!
— "Jag, Arvid Falk, erkänner och betygar — att — jag — av — min broder, utnämnde förmyndaren — Carl Nicolaus Falk — till fullo utbekommit mitt arv — utgörande etc."

Han skämdes att utsäga summan.

— Du har sålunda erkänt och betygat en sak, som du inte trott på! Är det ärligt, får jag lov att fråga? Nej, svara på min fråga! Är det ärligt? Nej! Ergo* har du givit ett falskt intyg. Du är således en skurk! Ja det är du! Har jag inte rätt?

Scenen var för tacksam, och triumfen för stor för att kunna njutas utan publik. Den oskyldigt anklagade måste ha vittnen; han slog upp*

ノルウェー語

satt seg.

— Nå, hva står det der? Les! — «Jeg, Arvid Falk, erkjenner og bekrefter — at — jeg — av — min bror, oppnevnte formynder — Carl Nicolaus Falk — til fulle har fått utbetalt min arv — som utgjør osv.»

Han skammet seg for å nevne summen.

— Du har således erkjent og bekreftet en ting du ikke har trodd på! Er det ærlig, om jeg tør spørre? Nei, svar på spørsmålet! Er det ærlig? Nei! Ergo har du gitt falskt vitnemål. Du er med andre ord en skurk! Ja, det er du! Har jeg ikke rett!

Scenen var for takknemlig, og triumfen for stor til å kunne nytes uten publikum. Den uskyldig anklagede måtte ha vitner; han slo

— 112 —

兄弟の間

デンマーク語

øjeblikkelig sat sig.

— Nå, hvad står der? Læs!
— »Jeg, Arvid Falk, erklærer og bevidner — at — jeg — af — min broder, min lovlige formynder — Carl Nicolaus Falk — har modtaget hele min arv — der beløber sig til — osv.!«

Han skammede sig ved at nævne summen.

— Du har altså godkendt og bevidnet en sag, som du ikke troede på! Er det ærligt, må jeg få lov at spørge? Nej, svar på mit spørgsmål! Er det ærligt? Nej! Ergo har du aflagt falsk vidnesbyrd. Du er altså en skurk! Ja, det er du! Har jeg ikke ret?

Scenen var for taknemmelig og triumfen for stor, til at den ret kunne nydes uden publikum. Den uskyldigt anklagede måtte have

日 本 語

――ここになんと書いてある？読んでみろ！――"私, アービッド・ファルクは――指名された後見人である兄, カール・ニコラス・ファルクから――総額これこれの遺産を受け取った――ことを承認し, 証明するものであります。"

兄は総額ははずかしくていえなかった.

――おまえは信用してないが, 一つの事実を承認し, 証明している. 聞きたいが, これでハッキリしているじゃないか. いや, 私の質問に答えなさい！ハッキリしたかどうか. ノーだって？じゃ, おまえは嘘の証明をしたことになる. おまえこそ悪者だ！そう, おまえこそ！私が間違っているかね？

その光景は観衆なしに楽しむにはあまりにももったいないし, その勝利はあまりにも見事であった. この非のうちどころのない告発は証人を必要とした. 兄

— 113 —

第 2 章

<スウェーデン語>

dörren till boden.

— Andersson! ropade han. Svara mig på en sak : hör noga på! Om jag utfärdar ett falskt intyg, är jag en skurk då eller är jag inte?

—Patron är en skurk naturligtvis! svarade Andersson utan betänkande och med värme.

— Hörde du han sa att jag var en skurk — om jag skriver under ett falskt kvitto. Nå, vad var det jag sa nyss? Du är inte ärlig, Arvid; du är inte ärlig! Det har jag också alltid sagt om dig! Beskedliga människor äro oftast skurkar; du har alltid varit beskedlig och undfallande, men jag har sett, att du i hemlighet burit andra tankar; du är en skurk! Så sade också din far, jag

<ノルウェー語>

opp døren til boden.

— Andersson! ropte han. Svar meg på en ting; hør nøye etter! Hvis jeg skriver en falsk attest, er jeg da en skurk eller er jeg ikke?

— De er en skurk, naturligvis! svarte Andersson uten betenkning og med varme.

— Hørte du han sa at jeg var en skurk — hvis jeg skriver en falsk kvittering. Nå, hva var det jeg nettopp sa? Du er ikke ærlig, Arvid; du er ikke ærlig! Det har jeg også alltid sagt om deg! Beskjedne mennesker er som regel skurker; du har alltid vært beskjeden og unnfallende, men jeg har sett at du i hemmelighet har båret andre tanker; du er en skurk! Det sa også din

兄弟の間

デンマーク語

vidner ; han slog døren til butikken op.

— Andersson! råbte han. Svar mig på en ting : hør nøje efter! Hvis jeg udfærdiger en falsk attest, er jeg så en skurk, eller er jeg det ikke?

— Principalen er naturligvis en skurk! svarede Andersson uden betænkning, helt varm i stemmen.

— Hørte du det? Han sagde, at jeg var en skurk — hvis jeg skriver under på en falsk kvittering. Nå, hvad var det nu, jeg før sagde? Du er ikke ærlig, Arvid, du er ikke ærlig! Det har jeg også altid sagt om dig! Beskedne mennesker er som oftest skurke. Du har været beskeden og eftergiven ; men jeg har set, at du i hemmelighed bar på andre tanker ; du er en skurk! Det

日本語

は店へのドアを開いて叫んだ.

——アンダーソン！こういうことはどう思うかね. よく聞けよ！もし, 私が偽の証言をしたら, 私は悪者かね, 違うかね？

——もちろん, 悪者ですよ！アンダーソンはちゅうちょすることなく, 熱をこめて返事した.

——もし偽の証言をしたら, 悪者だとヤツがいったのを聞いたか, さっき私は何といったか？おまえは正直でないぞ. アービッド, おまえは率直でないぞ！おまえにいつもいっていることだが, 礼儀正しい人間ほど悪者になりやすいのだ. おまえはいつも礼儀正しくて柔順だ. だがおまえはこっそりと他のことを考えているのが判っている. おまえは悪者だ！親父もよくいっていたではないか. 私は"言った"という, というのは親父

— 115 —

第 2 章

スウェーデン語

säger "sade", ty han sade alltid vad han tänkte, och var en rättfärdig man, Arvid, och det — är — inte — du! Och var säker, att om han nu levat, skulle han med smärta och grämelse ha sagt: Du är inte ärlig, Arvid! Du är — inte — ärlig!

Han tog åter några diagonaler och det lät som om han applåderade sin scen med fötterna, och han ringde med nyckelknippan, som om han gav signal till ridå. Slutrepliken hade varit så avrundad, att varje tillägg skulle förstöra det hela. Oaktat den svåra beskyllningen, som han verkligen väntat på i flera år, ty han trodde alltid att brodern hade ett falskt hjärta, var han mycket nöjd att det var över,

ノルウェー語

far, jeg sier «sa», for han sa alltid hva han tenkte, og var en rettferdig mann, Arvid, og det — er — ikke — du! Og vær du sikker, hadde han levd nå, så ville han med smerte og gremmelse ha sagt: Du er ikke ærlig, Arvid! Du er — ikke — ærlig!

Han tok noen diagonaler igjen, og det lød som om han applauderte med føttene, og han ringte med nøkkelknippet, som om han ga signal til teppefall. Sluttreplikken hadde vært så avrundet at ethvert tillegg ville ødelegge det hele. Uaktet den grove beskyldningen, som han virkelig hadde ventet på i flere år, for han trodde alltid at broren hadde et falskt hjerte, var han meget tilfreds med at det var over-

兄弟の間

| デンマーク語 | 日　本　語 |

sagde din far også, jeg siger »sagde«, for han sagde altid, hvad han tænkte; han var en retfærdig mand, Arvid — og — det — er — du — ikke! Vær sikker på, at hvis han havde levet, ville han med smerte og græmmelse have sagt: Du er ikke ærlig, Arvid! Du — er — ikke — ærlig!

Han gik atter nogle gange frem og tilbage over gulvet, det lød, som om han applauderede sin egen optræden med fødderne, og ringlede med nøgleknippet, som om han gav signal til tæppefald. Slutningsreplikken havde været så afrundet, at enhver tilføjelse ville have forstyrret helhedsvirkningen. Til trods for den slemme beskyldning, som han havde ventet på i flere år — for han havde jo altid nok

はいつも自分の思った通りしゃべるまことに率直な人間だったのだ．アービッド，おまえは――――ちがうぞ！もし親父が生きていたら，残念そうに，憤慨しながら，おまえは正直でないぞ，アービッド，おまえは率直でないぞ！というのは確かだぞ．

　兄は再び対角線上を何度か歩いたが，それにはこの光景を自分の足で拍手喝采している響きがあった．かれは芝居の幕を降ろすよう，合図するかのように，鍵束をガチャつかせた．最後の締めくくりがまことに旨くいったので，余計な点景は全体を駄目にするに違いない．実際，この兄は弟のことをもう何年も間違っていると思い続けていたので，この困難な告発にもかかわらず，それがすんだ，しかも無事すんだことに，旨く，あるいは上手にいったことに非常に喜

第 2 章

スウェーデン語

och så lyckligt över, och så väl eller så sinnrikt över, att han nästan kände sig glad och till och med en smula tacksam. Dessutom hade han ju fått ett så gott tillfälle att bryta ut, sedan han blivit retad däruppe* i familjen, och att bryta ut mot Andersson hade under årens lopp förlorat sitt behag — att bryta ut däruppe — det hade han förlorat lusten till.

Arvid hade blivit stum; han var en sådan genom uppfostran förskrämd natur att han alltid trodde sig göra orätt; han hade sedan barndomen hört dessa förfärliga stora orden, rättfär-

ノルウェー語

stått, og så lykkelig overstått, og så vel eller sinnrikt overstått at han nesten følte seg glad og til og med en smule takknemlig. Dessuten hadde han jo fått en så god anledning til et utbrudd, etter at han var blitt så irritert der oppe i familien, og utbruddene overfor Andersson hadde med årene opphørt å behage ham — og å komme med utbrudd der oppe, det hadde han mistet lysten til.

Arvid var blitt stum; oppdragelsen hadde gjort ham til en slik forskremt natur at han alltid trodde han gjorde noe galt; han hadde helt fra barndommen hørt disse forferdelige store or-

兄弟の間

デンマーク語

tænkt, at Arvid havde et falsk hjerte! — var han dog meget fornøjet med, at den var kommet frem, for nu var den jo overstået, og så lykkeligt overstået, så godt og så snildt overstået, at han følte sig helt taknemmelig til mode. Desuden havde han jo fået en udmærket anledning til at komme af med sin arrigskab, han var blevet så irriteret oppe hos familien! At eksplodere over for Andersson havde i årenes løb mistet sin tiltrækning — og at eksplodere der oppe — det havde han også tabt lysten til efterhånden.

Arvid var blevet stum. Han var en af disse gennem opdragelse forskræmte naturer, som altid tror, at de har gjort noget galt; siden sin barndom havde han næsten daglig hørt disse skrække-

日本語

んで,ほとんど歓喜の声をあげんばかりであり,またいささか神に感謝する気持ちにさえなっていた.その上,二階のあちら(女房)によって火をつけられていた,積年の鬱積をはらすまことに貴重な機会を持ち得たのだ.例えば,アンダーソンに向かって発散することはもう永年の間に魅力を失っていたし,女房に向かって発散するのはかれの好みではないのだ.

アービッドは黙った.かれは教育の結果,オドオドした性質になっていたので,こんなとき,いつも自分が悪いのだと思っていた.かれは子供のころから,毎日のようにしょっちゅう,正義だとか,正直だとか,真面目

第 2 章

スウェーデン語

dig, ärlig, uppriktig, sann, uttalas dagligen och stundligen, att de för honom stodo som domare, vilka alltid till honom sade: skyldig! Han trodde en sekund, att han misstagit sig i sina beräkningar, att brodern var oskyldig och han själv verkligen en skurk; men i nästa ögonblick såg han i brodern en bedragare, som med en simpel advokatyr* förvänt synen på honom, och han ville fly för att icke råka i strid, fly utan att säga honom sitt ärende numro* 2, att han stod i begrepp att byta om bana.

Pausen blev längre än ämnat var. Carl Nicolaus hade sålunda tid att i minnet genomgå sina triumfer från nyss. Det där lilla ordet "skurk"

ノルウェー語

dene, rettferdig, ærlig, oppriktig, sann, bli uttalt hver dag og time, så de sto for ham som dommere som alltid sa til ham: Skyldig! Han trodde et sekund at han hadde tatt feil i sine beregninger, at broren var uskyldig og han selv virkelig en skurk; men i neste øyeblikk så han i broren en bedrager, som med simpelt lovtrekkeri hadde synkvervet ham, og han ville flykte for ikke å komme i stridigheter, flykte uten å fortelle ham sitt ærend nummer 2, at han sto i ferd med å skifte løpebane.

Pausen ble lenger enn tenkt. Carl Nicolaus hadde således tid til en taus gjennomgang av sine triumfer. Det gjorde så godt i tungen å

兄弟の間

<table>
<tr><th>デンマーク語</th><th>日 本 語</th></tr>
<tr><td>

lig store ord : retfærdig, ærlig oprigtig, sand ; nu stod de for ham som dommere, der altid erklærede ham for skyldig! Han troede et sekund, at han havde taget fejl i sine beregninger, at broderen var uskyldig og han selv virkelig en skurk ; men i næste øjeblik forstod han, hvor skændigt broderen havde båret sig ad : med et simpelt prokuratorkneb havde han fordrejet hele hans sag, og han ville flygte for ikke at komme i strid med ham, flygte uden at komme frem med sit andet ærinde : at han stod i begreb med at vælge en anden livsvej.

Pausen blev længere, end han havde tænkt. Carl Nicolaus fik således tid til i erindringen at gennemgå sine triumfer fra før. Dette her

</td><td>

だとか, 真実といったような恐ろしくも, 偉大な言葉を聞かされていたので, これらの言葉はかれに対する裁判官のようなもので, いつもかれに向かって"有罪"と宣告していたのだ. かれは一瞬自分の計算が間違っていたのか, 兄貴は無罪で, 自分が本当に悪者であったのか, と思う. しかし次の瞬間, いや, やはり兄貴が簡単な屁理屈でかれの考えをねじ曲げ, 自分を欺いたのだと思う. かれは喧嘩にならないようここを逃げ出そう, 二番目の用件である, 進路を変えようとしていることは言わないで逃げようと思った.

思ったより長い沈黙が続いた. 兄はさっきの勝利を改めて思い返すに充分の時間があった. あの"悪者"という小さな言葉は舌に乗せるのに具合がよかった

</td></tr>
</table>

第 2 章

スウェーデン語

gjorde så gott i tungan att få uttala, det gjorde lika gott som att säga spark; och dörrens öppnande och Anderssons svar och papperets entré, allt hade gått så väl; nyckelknippan hade icke varit glömd på nattduksbordet, låset hade gått obehindrat, bevisningen hade varit bindande som ett garn, slutledningen hade gått av som ett gäddrag* och varit snärjande. Han var bliven vid gott humör; han hade förlåtit, nej han hade glömt, glömt allt, och när han smällde igen kassaskåpet, så stängde han för alltid* igen om den obehagliga affären. Men han ville icke skiljas vid brodern; han hade behov av att tala om annat med honom, att kasta några skovlar kallprat över det obehagliga ämnet, att se honom

ノルウェー語

uttale det lille ordet «skurk», det gjorde like godt som å si spark; og åpningen av døren og Anderssons svar og papirets entré, alt hadde gått så bra; nøkkelknippet hadde ikke vært glemt på nattbordet, låsen hadde gått opp uten plunder, bevisførselen hadde vært tett som et fiskegarn, konklusjonen som en gjeddesluk med fast fisk. Han var blitt i godt humør; han hadde tilgitt, nei han hadde glemt, glemt alt, og da han smelte igjen kassaskapet, så lukket han for alltid døren til denne ubehagelige affæren. Men han ville ikke skilles fra broren; han hadde behov for å snakke med ham om noe annet, kaste noen skuffer kaldprat over det ubehagelige temaet, se ham under hverdagslige forhold,

兄弟の間

デンマーク語

lille ord »skurk« gjorde det tungen så godt at udtale, det var lige så godt som at sige : spark ! Og døren var blevet lukket op, og Andersson havde svaret, og papiret var kommet til syne, ganske som det skulle alt sammen ! Nøgleknippet havde han ikke glemt på natbordet, låsen havde han fået op uden besvær, bevisførelsen havde fanget som en snare, følgeslutningen var løbet så glat af som en geddesnøre og havde været snærende ! Han var blevet i godt humør ; han havde tilgivet, nej, han havde glemt, glemt alt, og da han havde klasket pengeskabet i, lukkede han for bestandig af for den ubehagelige affære. Men han ville ikke skilles fra broderen nu ; han følte trang til at tale med ham om noget

日 本 語

し，出て行けというのとおなじような心地よさがあった．ドアが開く，アンダーソンが返事する，紙が表れる，すべてがうまくいった．鍵束をベッドのわきの小机に忘れるようなことはしなかったし，錠は簡単に開いたし，証明は綱のようにキチンと結論を出してくれたし，自分の導いた結論は擬餌針のように旨くいって，魚がひっかかったのだ．兄は機嫌をなおした，かれは許した．いや，かれは忘れた．すべてを忘れた．そして，金庫の扉をバタンと閉めると，この嫌なことは永遠に閉じ込められてしまった．しかし兄はこの弟と離れようとは思わなかった．弟と他の問題について話し合い，あまり面白くもない事について二三，無駄話をして，日常生活での弟を観察し，例えば，テーブルで，かれはなぜ食べたり，飲んだりしないのか，を見たいのだ．人間というものは食べたり，飲んだりすると，たいてい

第 2 章

スウェーデン語

under vardagliga förhållanden, att se honom till exempel sitta vid ett bord, varför icke ätande och drickande; människorna sågo alltid nöjda och belåtna ut, när de åto och drucko, och han ville se honom nöjd och belåten; han ville se hans ansikte lugnt och höra hans röst mindre darrande, och han stannade vid att han skulle bjuda på frukost. Svårigheten var att finna en övergång, en lämplig brygga att hala ut över bråddjupet. Han letade i sitt huvud, men fann ingen, han letade i sina fickor och fann den — tändsticksasken.

— För fan*, du har ju inte tänt din cigrarr, gosse! sade

ノルウェー語

se ham for eksempel sitte ved et bord, hvorfor ikke spisende og drikkende; folk så alltid så fornøyde ut når de spiste og drakk, og han ville se ham glad og fornøyd; han ville se ansiktet hans rolig og høre stemmen hans mindre skjelvende, og han ble stående ved at han skulle invitere ham på frokost. Problemet var å finne en overgang, en lempelig bro over brådypet. Han lette i hodet, men fant ingen, han lette i lommen og fant den — fyrstikkesken.

—For faen, du har jo ikke tent sigaren din, gutt! sa

—124—

兄弟の間

デンマーク語

andet, at kaste nogle skovlfulde ligegyldigt sludder over det ubehagelige emne, se ham under hverdagsagtige forhold, se ham f. eks. sidde ved et bord og spise og drikke — ja, hvorfor ikke? Folk så altid fornøjede og tilfredse ud, når de spiste og drak, og han ville se ham fornøjet og tilfreds; hans ansigt skulle blive roligt, hans stemme skulle ikke dirre længere, og pludselig kom han på den idé, at han ville invitere ham til frokost. Vanskeligheden bestod i at finde en overgang, en bro, som han kunne kaste ud over afgrunden. Han ledte i sin hjerne, men fandt ingen. Han ledte i sine lommer, og her fandt han den — tændstikæsken!

— For fanden, du har jo ikke tændt din cigar, dre-

日本語

楽しそうに，また満足そうに見えるものだが，そうした楽しそうな，満足そうな弟を見てみたいのだ．また平静なときの弟の顔を見たいし，あまりふるえてない声を聞きたいのだ．そこで兄は昼飯を奢ろうと思った．かれはこの深淵を橋渡しするのに適当なものはないか，いささか迷った．頭の中で考えてみたが，何も出てこないので，ポケットを探ったら，出てきた——マッチ箱が．

——なんだ，おまえは葉巻に火をつけてなかったな．今度は

第 2 章

スウェーデン語

han med verklig, icke låtsad värma.

Men gossen hade smulat sönder sin cigarr under samtalets gång och den kunde icke brinna mer.

— Se här, tag en ny!

Han fick fram sitt stora läderfodral :

— Se här! Tag du! Det är goda cigarrer!

Brodern, som var nog olycklig att icke kunna såra någon, mottog bjudningen, tacksamt som en till försoning framräckt hand.

— Se så, gamla gosse, fortfor Carl Nicolaus och anslog en angenäm sällskapston, som han så väl kunde ; kom nu, så gå vi på Riga och få oss en bit frukost! Kom nu!

Arvid, som var ovan vid vänlighet, blev härav så rör-

ノルウェー語

han med virkelig, ikke påtatt, varme.

Men gutten hadde smuldret istykker sigaren under samtalens gang, den var ikke til å få fyr på.

— Se her, ta en ny!

Han tok frem det store lærfutteralet :

— Se her! Ta du! Det er gode sigarer!

Broren, som var ulykkelig nok til ikke å kunne såre noen, tok imot tilbudet, takknemlig som for en hånd rakt frem til forsoning.

— Se så, gamle gutt, fortsatte Carl Nicolaus og slo an en trivelig selskapelig tone, som han kjente så vel ; kom nå, så går vi på Riga og får oss litt frokost! Kom nå!

Arvid som var uvant med vennlighet, ble så rørt av

兄弟の間

デンマーク語

ng! sagde han med virkelig varme.

Men drengen havde smuldret sin cigar itu i samtalens løb, og den kunne ikke brænde mere.

— Se her, tag en ny!

Han fik sit store læderfoderal frem:

— Se her! Tag en! Det er gode cigarer!

Broderen, der var så ulykkelig til mode, at han ikke var i stand til at såre nogen, modtog taknemmeligt tilbudet som en til forsoning fremstrakt hånd.

— Se så, gamle dreng, vedblev Carl Nicolaus og anslog en behagelig selskabstone, hvad han så godt kunne, kom nu, så går vi hen på Riga og får os en bid frokost! Kom nu!

Arvid, der just ikke var vant til venlighed, blev så

日　本　語

親切そうなふりをするのでなく，本気でいった．

しかし，弟の方はさっきの話の間に，自分の葉巻をもみ砕いていたので，もう火をつけられる状態ではなかった．

——オイ，新しいのをとれ！

兄は自分の大きな革ケースを差し出した．

——ホラ，取れ！いいやつだぞ！

他人を傷つけることのできない，悲しい性質をもつ弟は，仲直りに差し出されたもののように，ありがたく頂くことにした．

——兄は楽しげな調子で続けた．かれはこういうやり方は得意なのだ．——どうだ，リーガへ行って軽く朝飯でも食おう．さあ！

こうした親切に慣れてないアービッドは動揺して，あわてて

第 2 章

スウェーデン語

d, att han hastigt tryckte broderns hand och skyndade ut, ut genom boden utan att hälsa Andersson, och ut på gatan.

Brodern stod häpen; det där kunde han inte förstå; vad skulle det betyda; springa sin väg, då han blev bjuden på frukost; springa sin väg, och han var ju ändå inte ond. Springa! Det skulle inte en hund ha gjort, om man kastat en köttbit åt honom!

— Han är så besynnerlig! mumlade han och rappade av golvtiljorna. Därpå gick han till sin pulpet, skruvade upp stolen så högt den gick, och klättrade upp. Ifrån denna upphöjda plats brukade han se människor och förhållanden från en högre synpunkt, och han brukade fin-

ノルウェー語

dette at han skyndte seg å trykke brorens hånd og hastet avsted, ut gjennom boden uten å ense Andersson, og ut på gaten.

Broren sto håndfallen; dette her forsto han ikke; hva skulle det bety; løpe sin vei når han ble invitert på frokost; løpe sin vei, og ikke var han sint heller. Løpe sin vei! Det ville ikke en hund ha gjort om man hadde kastet en kjøttbit til den!

— Han er så besynderlig! mumlet han og gjorde noen slag over gulvtiljene. Så gikk han til sin pult, skrudde stolen opp så høyt det gikk, og klatret opp. Fra denne opphøyde plass pleide han å se mennesker og forhold fra et høyere synspunkt, og han pleide å finne dem små, dog

兄弟の間

デンマーク語 | 日本語

rørt, at han hastigt trykkede broderens hånd og skyndte sig ud, ud gennem butikken, uden at hilse til Andersson, og ud på gaden... Og væk var han!

Broderen stod aldeles forbløffet tilbage; dette her kunne han ikke forstå! Hvad skulle det betyde? Løbe sin vej, når han blev inviteret på frokost, han var jo ikke engang vred! Løbe sin vej — det ville en hund ikke have gjort, om man havde kastet et kødben til den!

— Han er en løjerlig fyr! mumlede han og knirkede hen over gulvet. Så gik han hen til pulten, skruede stolen så højt op, den kunne komme, og klatrede op på den. Fra denne ophøjede plads plejede han at se på mennesker og forhold; herfra fandt han dem små; men ikke

---

兄の手を強く押し止どめてから，アンダーソンに挨拶するのも忘れて，店を通り抜けて通りに飛び出した．

兄はビックリした．そういうところは兄に理解できないところだ．朝飯に誘われただけで逃げ出すなんて，どういうつもりだ．こちらが別に機嫌を損ねている訳でもないのに逃げ出すなんて．肉片を投げ与えられたら，犬ならそんなことはしないのに！

——あいつはまったくおかしな奴だ．兄はブツブツいいながら，床板を踏み鳴らしてから，デスクのところにいった．回転椅子をグルグルまわして，一番高くしてからそれに登った．かれはこの高いところに座って，高所から人や状況を見るのが好きで，またそれらを小さく見る習慣でもあるのだが，それらは

第 2 章

スウェーデン語

na dem små, dock icke så små, att de ej kunde användas för hans ändamål.

ノルウェー語

ikke så små at de ikke kunne anvendes til hans formål.

兄弟の間

デンマーク語	日　本　語
for små til at han ikke kunne benytte dem til sine formål.	そんなに小さくはなかったので、かれの目的に利用されることはなかったのである．

第 3 章

スウェーデン語

TREDJE KAPITLET
Nybyggarne på Lill-Jans

Klockan var mellan åtta och nio den vackra majmorgonen, då Arvid Falk efter scenen hos brodern vandrade gatorna framåt, missnöjd med sig själv, missnöjd med brodern och missnöjd med det hela. Han önskade att det vore mulet och att han hade dåligt sällskap. Att han var en skurk, det trodde han icke fullt på, men han var icke nöjd med sig själv, han var så van att ställa höga fordringar på sig, och han var inlärd att i brodern se ett slags styvfar, för vilken han hyste stor aktning, nästan vördnad. Men även andra tankar döko upp och gjorde honom bekymrad. Han var utan pengar och utan sysselsättning. Det-

ノルウェー語

TREDJE KAPITTEL
Nybyggerne på Lill-Jans

Klokken var mellom åtte og ni den vakre maimorgenen da Arvid Falk etter scenen med broren vandret gatelangs, misfornøyd med seg selv, misfornøyd med broren og misfornøyd med det hele. Han ønsket at det hadde vært overskyet og at han hadde dårlig selskap. At han var en skurk, det trodde han ikke fullt og fast på, men han var ikke fornøyd med seg selv, han var så vant til å stille høye krav til seg selv, og han var opplært til å se broren som en slags stefar, som han hadde stor respekt, nesten ærbødighet for. Men også andre tanker dukket opp og gjorde ham bekymret. Han var uten penger og uten syssel-

リル・ヤンスにたむろする開拓者たち

| デンマーク語 | 日 本 語 |

TREDJE KAPITEL
Nybyggerne på Lille-Jans

Klokken var mellem otte og ni hin smukke majmorgen, da Arvid Falk efter scenen med broderen vandrede frem gennem gaderne, misfornøjet med sig selv, misfornøjet med broderen og misfornøjet med det hele. Han havde hellere set, at det var gråvejr i dag, og selv siddet i dårligt selskab! At han var en skurk, det troede han ikke helt på, men han var ikke tilfreds med sig selv, og han var oplært til i broderen at se en slags stedfader, som han nærede stor agtelse, næsten ærefrygt for. Men også andre tanker dukkede op i ham og gjorde ham bekymret. Han havde ingen penge og ingen beskæftige-

第3章
リル・ヤンスにたむろする開拓者たち

ある美しい五月の朝、時刻は八時と九時の間であった。アービッド・ファルクは兄とのあの光景のあと、通りをさまよい歩いていた。自分自身が、兄が、そしてこの世界皆が嫌になりながら。そしていっそこの世が黒い雲に覆われ、だれとも口をきかないことさえ願った。自分が悪者であるとはまったく思ってもないのであるが、自分のしたことが嫌になった。かれはいつも自分をきびしく見ようとしていたし、兄を一種の義理の父のように見るように教えこまれていて、兄にはほとんど尊敬といってよいくらい大きな敬意を抱いていた。しかし違った考えも湧いてきて、かれは悩んでいたのだ。かれは金もなかったし、職もなかった。この後者は特によくないことであった。なんとなれば何しろかれは生まれつき、

第 3 章

スウェーデン語

ta senare var kanske det värsta, ty sysslolösheten var honom en svår fiende, begåvad med en aldrig vilande fantasi som han var.

Under ganska obehagliga funderingar hade han kommit ner på lilla Trädgårdsgatan ; han följde vänstra trottoaren utanför Dramatiska teatern och befann sig snart inne på Norrlandsgatan ; han vandrade utan mål och gick rätt fram ; snart började stenläggningen bli ojämn, träkåkar efterträdde stenhusen, illa klädda människor kastade misstänksamma blickar på den snyggt klädde personen, som så tidigt besökte deras kvarter, och utsvultna hundar morrade hotande mot främlingen. Mellan grupper av artillerister, arbetshjon, bryggardrängar, tvättmadamer.

ノルウェー語

setting. Det siste var kanskje det verste, for sysselløsheten var ham en arg fiende, begavet med en aldri hvilende fantasi som han var.

Under ganske ubehagelige funderinger hadde han kommet ned til den lille Trädgårdsgatan ; han fulgte venstre fortau utenfor Dramatiska Teatern og befant seg snart inne i Norrlandsgatan ; han vandret uten mål og med og gikk rett frem ; snart begynte brolegningen å bli ujevn, trehus etterfulgte stenhusene, dårlig kledde mennesker kastet mistenksomme blikk på den pent antrukne personen som besøkte deres trakter så tidlig om morgenen, og utsultede hunder knurret truende mot den fremmede. Mellom grupper av artillerister, arbeidsfolk, brygger-

リル・ヤンスにたむろする開拓者たち

デンマーク語	日 本 語
lse. Det sidste var vel nok det værste: ledighed var ham en bitter fjende, fordi han ejede en aldrig hvilende fantasi.　Under disse mindre behagelige overvejelser var han kommet ned i Lilla Trädgårdsgatan. Han fulgte det venstre fortov uden for Dramatiska Teatern og befandt sig snart på Norrlandsgatan. Han vandrede frem uden mål og gik blot lige ud; snart begyndte brolægningen at blive ujævn; trærønner afløste stenhusene; han mødte dårligt klædte mennesker, der kastede mistænksomme blikke på denne pænt klædte person, der så tidligt besøgte deres kvarter, og forsultne hunde knurrede truende ad den fremmede. Mellem grupper af soldater, arbejdsfolk, bryg-	休みなく空想を続けるという性質だったから，何もすることがないというのはまことに難しい敵であった．　こうしてあまり愉快でないことを色々考えながら，リラ・トレーゴード通りにやってきた．国立劇場のまえを左手に歩いていくと，まもなくノルランド通りに出た．かれは目的もなく，まっすぐ歩いていったが，歩道の石畳が凸凹して，平らでなくなってきた．木造の小屋が石造りの家に続いていて，あまりよくない服装の人々が，こんなに朝早くこの界隈を歩いている身なりのいい人にうさん臭そうな視線を投げかけていて，飢えた犬が見知らぬひとにウーウーと唸っていた．砲兵や，労働者や，酒造りの職人や，洗濯女や，小僧たちの群れに交じって，かれはノルランド通りを急いで通りすぎ，フムレ公園の大通りに出た．かれはフムレ公園に入って

第 3 章

スウェーデン語

och lärpojkar påskyndade
han sina sista steg på Norr-
landsgatan och var uppe på
stora Humlegårdsgatan.
Han gick in i Humlegården.
Generalfälttygmästarens
kor hade redan tagit sitt
mulbete* i anspråk, de gam-
la, skalliga äppelträden gjor-
de försök att sätta blom,
lindarne stodo gröna och
ekorrarne lekte uppe i kro-
norna. Han gick förbi karu-
sellen och kom upp i allén
till teatern ; där sutto poj-
kar, som skolkat skolan,
och spelade knapp ; längre
fram låg en målaregosse på
rygg i gräset och tittade
upp till skyarne genom de
höga lövvalven ; han viss-
lade så sorglöst som om
varken mästare eller gesäl-
ler väntade på honom, un-
der det att flugor och andra
yrfän* gingo åstad och dränk-

ノルウェー語

drenger, vaskekjerringer og
læregutter, skyndet han på
sine siste skritt i Norrlands-
gatan og var oppe i Stora
Humlegårdsgatan. Han gik-
k inn i Humlegården. Kue-
ne til generalfelttøymeste-
ren hadde allerede lagt bes-
lag på sitt beite, de gamle,
nakne epletrærne gjorde et
forsøk på å blomstre, linde-
trærne sto grønne og ekorn
lekte i trekronene. Han gik-
k forbi rundkjøringen og
kom opp i alleen til teatret ;
der satt det noen gutter som
hadde skulket skolen og
spilte knapp ; lenger borte
lå en malergutt på ryggen i
gresset og tittet opp til sky-
ene gjennom de høye hvel-
vene av løv ; han plystret så
sorgløst som om hverken
mester eller svenner ventet
på ham, mens fluer og annet
yrende gikk hen og druknet

— 136 —

リル・ヤンスにたむろする開拓者たち

デンマーク語	日 本 語
gerknægte, vaskemadammer og læredrenge skyndte han sig op gennem Norrlandsgatan, og snart stod han oppe i Store Humlegårdsgade. Han gik ind i Humlegården. Generalfelttøjmesterens køer havde allerede taget deres græsgange i besiddelse, de gamle, nøgne æbletræer gjorde forsøg på at sætte blomst, lindene stod grønne, og egern legede oppe i kronerne. Han gik forbi karrusellen og kom ind i alleen til teatret; her gik nogle drenge, som skulkede fra skolen, og spillede klink; længere henne lå en malerdreng på ryggen i græsset og kiggede op i skyerne gennem det høje løvværk; han fløjtede så sorgløst, som om der hverken fandtes mestre eller svende til i verden, alt imens insekterne druk-	いった．砲兵隊長の牛がもう牧場に出て草を食んでいた．古い裸のリンゴの木は蕾みをつけようとしていたが，しなの木はもう緑に覆われ，リスたちが樹の上の方で遊んでいた．かれはメリーゴーランドの横を通り過ぎ，劇場に通ずる並木道にさしかかった．そこでは学校をサボってボタン遊びをしている生徒たちがたむろしていた．向こうの方ではペンキ屋の小僧が一人芝生の上に寝転がって，高くそびえている樹の緑の葉を通して空を見上げていた．その小僧ははいや，なにか虫がペンキつぼに飛びこんで溺れているのに，親方も，仲間の職人たちも待っていないかのように，まったく屈託がなさそうに口笛をふいていた．

第 3 章

スウェーデン語

te sig i hans färgpytsar.

　Falk kom upp på höjden vid ankdammen; där stannade han och studerade grodornas metamorfoser, observerade hästiglarne* och fångade en vattenlöpare*. Därpå tog han sig för att kasta sten. Detta satte hans blod i omlopp och han kände sig föryngrad, kände sig som en skolkande skolpojke, fri, trotsigt fri, ty det var en frihet, som han med rätt stor uppoffring erövrat. Vid den tanken att fritt och efter behag få umgås med naturen, som han förstod bättre än han förstod människorna, vilka blott hade misshandlat honom och sökt göra honom dålig, blev han glad, och all ofrid försvann ur hans sinne; och han steg upp för att fort-

ノルウェー語

seg i hans farvepytter.

　Falk kom opp på høyden ved andedammen; der stanset han og studerte froskenes metamorfoser, observerte hesteiglene og fanget en vannløper. Derpå ga han seg til å kaste sten. Dette satte blodet i omløp, og han følte seg forynget, kjente seg som en skulkende skolegutt, fri, fri og full av tross, for det var en frihet han hadde erobret under ganske store forsakelser. Tanken på at han fritt og etter behag kunne omgåes med naturen, som han forsto bedre enn han forsto menneskene, som bare hadde misshandlet ham og prøvd å forderve ham, gjorde ham oppstemt, og all ufred forsvant fra hans sinn; og han reiste seg for å fortsette sin

リル・ヤンスにたむろする開拓者たち

| デンマーク語 | 日　本　語 |

nede sig i hans farvepotter.

　Falk kom op på højen ved andedammen; dér blev han stående og så på frøernes metamorfoser, iagttog hesteiglerne og fangede en vandløber. Derpå gav han sig til at kaste med sten. Det satte hans blod i omløb, og han følte sig forynget, følte sig som en skulkende skoledreng, fri, trodsigt fri, for det var en frihed, som han havde erobret med temmelig store opofrelser. Ved tanken om, at han var fri og efter behag kunne færdes i naturen, som han forstod bedre end han forstod menneskene, der kun havde mishandlet ham og prøvet på at ødelægge ham, blev han glad, og al ufred forsvandt af hans sind; og han rejste sig op — han ville endnu

　ファルクはかも猟池のある小高いところにやってきて，そこで立ち止まってかえるの形態を注意深く眺めたり，ヒルを観察したり，あめんぼうを捕らえたりした．そのあと石を投げてみた．そうしている内に血が湧いてきて，若くなったように感じた．学校をサボッている少年のような，自由な，傍若無人的自由な気持ちになった．なんとなればこの自由はかれの大きな犠牲によって獲得されたものだから．かれは人間より自然の方がよく理解できるので，自然と自由に，楽しみながら親しめると考えると，嬉しくなり，不安はかれの感覚から消えるのだった．本当に人間というものは，ただかれをひどい目に遇わせ，駄目にしようとするばかりなのだから．そんなことを考えながらかれは立ち止まり，街の外，ずっと遠くへいってみみることにし

第 3 章

スウェーデン語

sätta sin väg ändå längre utom staden. Han gick genom korset och befann sig på norra Humlegårdsgatan. Han fick se att några bräder fattades i planket mitt emot och att en gångstig blivit upptrampad på andra sidan. Han kröp igenom och skrämde upp en grumma som gick och plockade nässlor ; han promenerade över de stora tobakslanden, där Villastaden nu står, och befann sig vid porten till Lill-Jans.

Här hade våren brutit ut på allvar över den lilla täcka lägenheten, som med sina tre små stugor låg inbäddad mellan blommande syrener och äppelträd, skyddad för den nordliga vinden av granskogen på andra sidan landsvägen. Här var en fullständig idyll uppdukad. Tup-

ノルウェー語

ferd enda lenger utenfor byen. Han gikk gjennom krysset og befant seg i Norra Hummelgårdsgatan. Han fikk se at det manglet noen planker i gjerdet rett over veien, og at det var trampet opp en gangsti på den andre siden. Han krøp igjennom, og skremte opp en kone som gikk og plukket blomster ; han spaserte over de store tobakksfeltene, der villabyen nå ligger, og befant seg ved porten til Lill-Jans.

Her hadde våren brutt ut for alvor over den inntagende lille eiendommen, som med sine tre små stuer lå inntullet mellom blomstrende syriner og epletrær, beskyttet mot nordavinden av granskogen på den andre siden av landeveien. Her var det full oppdekning av

リル・ヤンスにたむろする開拓者たち

デンマーク語

længere bort fra byen! Han gik gennem krydset og befandt sig på Nordre Humlegårdsgade. Han så, at der manglede nogle brædder i plankeværket lige foran ham, og at der var blevet trådt en gangsti på den anden side. Han krøb igennem og forskrækkede en gammel kone, der gik og plukkede nælder; han spadserede over de store tobaksmarker, hvor villabyen nu ligger, og befandt sig ved porten til Lille-Jans.

Foråret var brudt frem for alvor over den lille nydelige husmandsgård, som med sine tre små længer lå og gemte sig mellem blomstrende syrener og æbletræer, beskyttet mod den nordlige vind af granskoven på den anden side landevejen. Det var den rene idyl! Hanen

日 本 語

た．四つ角を通ると，フムレ公園通りの北のほうにきていることが判った．向かいの塀の板が何枚かはずれていて，その向こう側に細い道がついているのが見えた．そこをくぐり抜けると，いら草を摘んでいた老婆が驚いた顔をしていた．大きなタバコ畑を通り過ぎると，今は別荘地になっているところがあって，リル・ヤンスへの門のまえに出てきた．

ここ小さく，かわいい別荘地にも春は間違いなくやってきていた．ここには三つの小さいコッテージがあるのだが，街道の反対側にある，もみの樹の林が北風を防いでくれるので，ライラックやりんごの花が一杯に覆っていた．ここはもう完全な田園風景だった．雄鶏は酒粕運搬車の棒の先にとまって，トキの

第 3 章

スウェーデン語

pen satt på skalmarne till en dranktunna* och gol, bandhunden låg och motade flugor i solskottet*, bien stodo som ett moln omkring kuporna, trädgårdsmästaren låg på knä vid drivbänkarne och gallrade rädisorna, lövsångarne och rödstjärtarne sjöngo i krusbärsbuskarne, halvklädda barn jagade hönsen, som ville undersöka grobarheten hos diverse nysådda blomsterfrön. Över det hela låg en helblå himmel och bakom stod den svarta skogen.

Invid drivbänkarne, i skydd av planket, sutto två män. Den ene var klädd i svart hög hatt, utborstade svarta kläder, hade ett långt, smalt, blekt ansikte och såg ut som en prästman. Den andre var en civiliserad

ノルウェー語

landlig idyll. Hanen satt på stengene til en mesketønne og gol, båndhunden lå og fanget fluer i solskinnet, biene sto som skyer rundt kubene, gartneren lå på kne ved drivbenkene og luket reddiker, løvsanger og rødstjert sang i stikkelsbærbuskene, halvnakne barn jagde hønene, som ville undersøke spireevnen hos diverse nysådde blomsterfrø. Over det hele lå en helblå himmel og bak den sto den svarte skogen.

Inne ved drivbenkene, i ly av plankegjerdet, satt det to menn. Den ene var iført svart høy hatt, utbørstede svarte klær, hadde langt, smalt, blekt ansikt og så ut som en prest. Den andre var en sivilisert bondetype, med

リル・ヤンスにたむろする開拓者たち

デンマーク語	日　本　語
sad på en af vognstængerne til en masktønde og galede, lænkehunden lå og hapsede efter fluer i solskinnet. Bierne stod som en sky omkring kuberne, gartneren lå på knæ ved drivbænkene og tyndede ud i radiserne, løvsangere og rødstjærter sang i stikkelsbærbuskene, halvpåklædte børn jog efter hønsene, der absolut ville undersøge vækstmuligheden hos diverse nysåede blomsterfrø! Over det hele hvælvede sig en lyseblå himmel, og bagved stod den sorte skov.	声をあげていたし，番犬は日向ぼっこをしながら，はいを追っていた．蜜蜂は巣箱のまわりを雲のように飛んでいたし，庭師はフレームのところにしゃがんで赤大根を間引いていた．小虫食い鳥や赤尾鳥がグースベリイの茂みの中でさえずっていた．色々新しく蒔いた花の種の発芽の状態をみようとしている雌鳥たちを半分はだかの子供が追い出していた．上には真っ青な空が広がっており，後ろには黒い森があった．
Ved drivbænkene, i læ af plankeværket, sad to mænd. Den ene havde en høj, sort hat på hovedet og velbørstede, sorte klæder; hans ansigt var langt, smalt og blegt, han så ud som en præst. Den anden var nær-	垣根に囲われたフレームのすぐそばで二人の男が座っていた．黒い高い帽子をかぶって，ブラシのかかった黒い服を着ているその内の一人は細長く，蒼白い顔をしていて，牧師のような顔付きをしていた．もう一人は開けた自作農というタイプで，不

第 3 章

スウェーデン語	ノルウェー語
bondtyp, med sönderbruten men fetlagd kropp, hängande ögonlock, mongoliska mustascher; han var högst illa klädd och såg ut som vad som helst — hamnbuse*, hantverkare eller artist — han såg förfallen ut på ett särskilt sätt.	sønderslitt men fetladen kropp, hengende øyenlokk, mongolske mustasjer; han var høyst ille antrukket og så ut som hva som helst — havneslusk, håndverker eller kunstner — han så forkommen ut på et egenartet vis.
Den magre, som tycktes frysa, oaktat solen låg rätt på honom, läste högt ur en bok för den fete, vilken såg ut som om han prövat alla jordens klimat och kunde med lugn fördraga dem alla.	Den magre, som så ut til å fryse enda solen sto rett på ham, leste høyt fra en bok for den tykke, som så ut som om han hadde prøvd alle jordens klima og bekymringsløst tålte dem alle.
Då Falk passerat grinden ut åt stora landsvägen, hörde han tydligt den läsandes ord genom planket och han ansåg sig kunna stanna och höra på utan att stjäla några förtroenden.	Da Falk passerte porten ut mot landeveien, hørte han tydelig den lesendes ord gjennom plankegjerdet og han syntes han kunne stanse og høre på uten å bryte noen fortrolighet.

リル・ヤンスにたむろする開拓者たち

デンマーク語 | 日本語

mest en slags civiliseret bondetype, med en uharmonisk, fedladen krop, hængende øjenlåg og mongolsk overskæg ; han var yderst dårligt klædt, kunne lige så godt være havnebisse som håndværker eller kunstner ; han så forfalden ud, men på en særegen måde.

　Den magre, som sad og skuttede sig af kulde, skønt solen skinnede lige ned på ham, læste højt af en bog for den fede, der så ud, som om han havde prøvet alle jordens klimaer og med sindsro havde fundet sig i dem alle.

　Da Falk var kommet igennem leddet ud til den store landevej, hørte han tydelig den læsendes ord gennem plankeværket, og han mente nok, at han kunne tillade sig at blive stående og høre

格好だが，がっしりした体をしており，まぶたはたるんでいて，蒙古人風の口ひげをはやしていた．かれの身なりはとても悪く，放浪者とも，手工芸職人とも，あるいは芸術家とも思わせる顔付きをしていて——何か特別の理由で零落しているように見えた．

　太陽が直接当たっていたのに，寒そうな格好をしていたやせた方が，太った方に声高に本を読んでやっていたが，太った方はこの世のすべての気候を試すかのような，またどんな気候にも平気で耐え得るかのような顔をしていた．

　ファルクが街道の方へと，格子戸のところを通り過ぎていくと，垣根を通して，読んでいる言葉がハッキリ聞こえてきて，別に内緒話を盗み聞きする訳でなくても聞こえるな，と思った．

第 3 章

スウェーデン語 | ノルウェー語

Den magre läste med en torr, entonig stämma, som saknade all klang, och den fete gav då och då sin belåtenhet tillkänna* med ett fnysande, som stundom utbyttes mot ett grymtande och slutligen blev ett spottande, när de vishetens ord han hörde gingo ut över det vanliga människoförståndet. Den långe läste:

— "De högsta grundsatserna äro, som sagt, tre: en absolut ovillkorlig och tvenne relativt ovillkorliga. Pro primo*: Den absolut första, rent ovillkorliga grundsatsen skall uttrycka den handlingen, som ligger till grund för allt medvetande och som endast gör detta möjligt. Denna grundsats är Identiteten, A = A. Denna åter-

Den magre leste med tørr, ensformig stemme som savnet enhver klangfylde, og den tykke ga fra tid til annen sin tilfredshet til kjenne med et fnys, som stundom ble byttet ut med et grynt, og til slutt ble til spytting, da de visdomsord han hørte gikk over all forstand. Den lange leste:

— «De høyeste grunnsetninger er som sagt tre: en absolutt betingelsesløs, og to relativt betingelsesløse. Pro primo: Den absolutt første, betingelsesløse grunnsetning skal uttrykke den akt som ligger til grunn for all bevissthet og som alene gjør denne mulig. Denne grunnsetning er Identiteten, A = A. Denne gjenstår og kan

リル・ヤンスにたむろする開拓者たち

デンマーク語

efter uden af den grund at stjæle fortrolighed.

　Den magre læste med en tør, enstonig stemme, der manglede enhver klang, og den fede gav nu og da sin tilfredshed til kende med et fnys, der undertiden blev erstattet med et grynt og til sidst blev til en spytten, når de visdommens ord, han hørte, gik ud over den almindelige menneskeforstand. Den lange læste:

　— »De højeste grundsætninger er, som sagt, tre: én absolut uvilkårlig og to relativt uvilkårlige. Pro primo: Den absolut første, rent uvilkårlige grundsætning skal udtrykke den handling, som ligger til grund for al bevidsthed, og som gør denne mulig. Denne grundsætning er identiteten, A＝A. Denne bliver stående

日　本　語

　やせた男はまったく響きのない, 乾いた単調な声で読んでいたが, 太った方はときどき満足そうにフンフンと鼻を鳴らせて, 理解しているようであったが, 段々ブツブツいうようになり, 最後に, 自分の聞いた学問的な言葉が, 普通の人間の理解を越えるようなときには, ペッペッと唾を吐いた. 背の高い方が読み上げた.

　——最高の原理は, まえにもいった通り三つある. 一つの絶対的無条件のものと, 二つの相対的無条件のものである. まず第一に, すなわち, 絶対的最初の, 純粋に無条件的な原理は, すべての意識を基礎におき, ただこれを可能ならしめる行為のみを実現せねばならない. この原理は A＝A の絶対的同一である. すべての意識の経験的な決断を分離するかぎり, このこ

第 3 章

スウェーデン語

står och kan på intet vis borttänkas*, när man avskiljer alla medvetandets empiriska bestämningar. Den är medvetandets ursprungliga faktum och måste därföre nödvändigt erkännas; och dessutom är den icke såsom varje annat empiriskt faktum någonting villkorligt, utan såsom en fri handlings följd och innehåll är den alldeles ovillkorlig."

— Förstår du, Olle? avbröt läsaren.

— O, ja, det är ljuvligt! — "Den är icke som varje empiriskt faktum någonting villkorligt." — O, vilken karl! Mera, mera!

— "Då man yrkar, fortfor läsaren, att denna sats är viss utan all vidare grund —"

ノルウェー語

på ingen måte tenkes bort når man utskiller bevissthetens alle empiriske bestemmelser. Den er bevissthetens opprinnelige kjensgjerning og må derfor med nødvendighet erkjennes; og dessuten er den ikke som ethvert annet empirisk faktum noe betinget, men som en fri akts følge og innhold er den fullstendig ubetinget.»

— Forstår du, Olle? avbrøt oppleseren.

— Å, ja, det er herlig — «den er ikke som et ethvert annet empirisk faktum noe betinget». Å, for en mann! Mer, mer!

—«Når man hevder», fortsatte oppleseren, «at denne setning er sann uten all videre grunn —»

— 148 —

リル・ヤンスにたむろする開拓者たち

デンマーク語	日 本 語
tilbage og kan på ingen måde tænkes foruden, når man udskiller alle bevidsthedens empiriske bestemmelser. Den er bevidsthedens oprindelige faktum og må nødvendigvis derfor erkendes; og desuden er den ikke som ethvert andet empirisk faktum noget vilkårligt, men som en fri handlings resultat og indhold er den aldeles uvilkårlig.《	とは存続し，いかなる方法をもってしても，これを棄却することはできない．これは意識の原点的な事実であり，したがって当然，認識されねばならない．そしてさらに，これは色々ある他の経験的な事実のごとく，何か条件的なものではなく，自由な行為の帰結であり，その内容として，まったく無条件的なものである．
― Forstår du, Olle? afbrød læseren.	――おい，オレ，分かるかい？　読んでいた男が読むのをやめて聞いた．
― Å ja, det er lifligt! ― »Den er ikke som ethvert empirisk faktum noget vilkårligt.《 ― Å, sikken karl! Mere, mere!	――ウン，すばらしい！――"それはあらゆる経験的事実のごとき，何か条件的なものではない."――おお，なんという男！もっと続けてくれ．もっと！
― »Når man fastholder,《 vedblev læseren, »at denne sætning er givet uden nogen yderligere begrundelse ―《	――もし，この命題がこれ以上の根拠なしに真実であると，主張するなら―――，と読んでいた男が続けた．するとありが

― 149 ―

第 3 章

スウェーデン語 | ノルウェー語

— Hör en sån filur — "viss utan all vidare grund", upptog den tacksamme åhöraren, som därmed ville skaka från sig varje misstanke om att han icke skulle förstå, "utan all *vidare* grund"; så fint, så fint, i stället för om han bara sagt "utan *all* grund."

— Ska jag fortsätta? eller ämnar du avbryta mig upprepade gånger? frågade den förorättade läsaren.

— Jag ska inte avbryta, gå på, gå på!

— "Så", här kommer konklusionen (dråplig* i sanning!) "tillägger man sig förmågan att sätta något."

Olle fnös.

— "Man sätter därigenom icke A" (stora A) "utan blo-

— Har du hørt en sånn filur — «sann uten all videre grunn», gjentok den takknemlige tilhøreren, som dermed ville riste av seg enhver mistanke om at han ikke forsto, «uten all *videre* grunn»; så fint, så fint, i stedet for om han bare hadde sagt «uten *all* grunn.»

— Skal jeg fortsette? eller har du tenkt å avbryte meg i ett sett? spurte den forurettede oppleseren.

— Jeg skal ikke avbryte, fortsett, fortsett!

—«Så», her kommer konklusjonen (i sannhet drepende!) «tillegger man seg den evne å sette noe.»

Olle fnøs.

— «Man setter derved ikke A» (stor A) «fordi A er

リル・ヤンスにたむろする開拓者たち

| デンマーク語 | 日 本 語 |

　　　　　　　　　　　たく聞いていた方が，

　— Hør den filur!...»givet uden nogen yderligere begrundelse,« gentog den taknemmelige tilhører, som dermed ville ryste enhver mistanke af sig om, at han ikke skulle kunne forstå det »uden *yderligere* begrundelse!« Så fint, så fint, i stedet for hvis han kun havde sagt:»uden *al* begrundelse«.

　— Skal jeg holde op? Eller vil du måske blive ved med at afbryde mig? spurgte den krænkede læser.

　— Jeg skal ikke afbryde dig, gå videre, gå videre!

　— »Så,« — her kommer konklusionen... drabelig i sandhed!...»tillægger man sig evnen til at *fastsætte* noget.«

　Olle fnøs.

　—»Man fastsætter derved ikke A« (det store A!),

　——いいじゃないか，この野郎め．———"これ以上の根拠なしに真実""これ以上の根拠なし"にか，と何を聞いているのか判っていないのではないか，との疑いを晴らしたいかのように繰り返した．うん，いいぞ，いいぞ，今度はただ単に"あらゆる根拠もなく"という代わりにいったのだな．

　——もっと続けるかい？それとも，もっと何度も繰り返して邪魔したいのかい？

　——いや，邪魔する気はないよ．続けてくれ，続けてくれ！
　——"かくて，人は何ごとかを措定する能力をつけ加えるならば"ここに結論（本当にすばらしい）がある．

　オレは鼻を鳴らした．
　——もし，そして少しでも，Aが存在している限り，それ

— 151 —

第 3 章

スウェーデン語

tt, att A är A, om och för så vitt A överhuvud är. Det är icke frågan om satsens innehåll, utan blott om dess form. Satsen A=A är alltså till sitt innehåll villkorlig (hypotetisk) och blott till sin form ovillkorlig."

— Observerade du att det var stora A?

Falk hade hört nog ; det var den fruktansvärt djupa filosofien från Polacksbacken som förirrat sig ända hit att kuva den råa huvudstadsnaturen ; han såg efter om icke hönsena fallit från sina pinnar och om icke persiljan upphört att gro vid åhörandet av det djupaste som på tungomål blivit talat vid Lill-Jans. Han förvånade sig över att himlen satt kvar på sin plats oaktat den

ノルウェー語

A, dersom og for så vidt A overhodet er. Det er ikke spørsmål om setningens innhold, men kun om dens form. Setningen A=A er altså i sitt innhold vilkårlig (hypotetisk) og kun i sin form uvilkårlig».

— La du merke til at det var stor A?

Falk hadde hørt nok ; det var den forferdelig dypsindige filosofen fra Polacksbacken som hadde forvillet seg helt hit for å kue den rå hovedstadsnaturen ; han så etter om ikke hønene hadde falt fra sine vagler og om ikke persillen hadde sluttet å vokse av å være tilhørere til det mest dypsindige som var uttalt på noe tungomål her på Lill-Jans. Han forundret seg over at himmelen

リル・ヤンスにたむろする開拓者たち

デンマーク語

»men blot, at A er A, hvis og for så vidt A overhovedet er til. Det er ikke et spørgsmål om sætningens indhold, men kun om dens form. Sætningen A=A er altså efter sit indhold vilkårlig (hypotetisk) og blot efter sin form uvilkårlig.«

— Lagde du mærke til, at det var det store A?

Falk havde hørt nok ; det var den frygtindgydende dybe filosofi fra Uppsalatiden, som havde forvildet sig helt herhen for at kue den rå hovedstadsnatur ; han så efter, om ikke hønsene var faldet ned af deres pinde, om ikke persillen var holdt op med at gro ved at høre på de dybeste ord, der nogen sinde var blevet udtalt på Lille-Jans! Han forundrede sig over, at himlen

日本語

が故にA（大文字のA）を措定するのでなく，AはAであるとするのである．これは命題の内容の問題でなく，単に形式の問題である．したがってA＝Aなる命題は内容的には条件的なるもの（仮説的なるもの）であり，その形式上は無条件的であるのだ．

——君は，それが大文字のAであったことに気がついたかい？

ファルクはそれらをタップリ聴いた．それは（ウプサラの）ポラック丘からの恐ろしく深淵な哲学なのだ．そしてそれは粗野な首府の性格を抑えよう，とここをさまよっているのだ．ファルクはここリル・ヤンスで人間の舌もて語られている深奥なものを拝聴して，鶏が止まり木から落ちないかどうか，パセリが成長を止めないかどうかを探し見た．人間の精神力の業のこのような展示において，証人として呼び出されたにもかかわら

第 3 章

スウェーデン語

blivit kallad till vittne vid en sådan förevisning av den mänskliga andens kraftprov, på samma gång hans mänskliga lägre natur tog ut sin rätt och han kände en svår torka i strupen, varför han beslöt att gå in i en av stugorna och begära ett glas vatten.

Han vände alltså om på sina steg och klev in i den stugan som ligger till höger om vägen då man kommer från staden. Dörren till en stor före detta bagarstuga* stod öppen ut till farstun, vilken icke var större än en reskoffert. Inne i rummet fanns endast en fållbänk*, en sönderbruten stol, ett staffli och två personer ; den ena av dessa stod framför staffliet klädd i skjorta och

ノルウェー語

fortsatt befant seg på plass, enda den var kalt som vitne til en slik oppvisning av menneskeåndens yteevne, samtidig som hans lavere menneskenatur krevde sitt, og han følte en plagsom tørke i strupen, hvorfor han besluttet å gå inn i en av stuene og be om et glass vann.

Han snudde altså på hælen og gikk inn i den stuen som ligger til høyre for veien når man kommer fra byen. Døren til en stor forhenværende bakstestue sto åpen ut til bislaget, som ikke var større enn en reisekoffert. Innenfor var det bare en slagbenk, en ødelagt stol, et staffeli og to personer ; den ene av disse sto foran staffeliet iført skjorte og bukser, som ble

リル・ヤンスにたむろする開拓者たち

デンマーク語

endnu sad på sin plads, skønt den var blevet kaldt til vidne på en sådan fremvisning af den menneskelige ånds kraft. Men samtidig krævede hans lavere menneskelige natur sin ret, og han følte en heftig tørhed i struben, hvorfor han besluttede sig til at gå ind i en af hytterne og bede om et glas vand.

Han vendte altså tilbage og gik ind i den hytte, som ligger til højre for vejen, når man kommer fra byen. Forstuen var ikke større end en rejsekuffert, og fra den stod døren åben ind til et stort rum, hvor der ikke var andet end en slagbænk, en itubrækket stol, et staffeli og to personer ; den ene stod foran staffeliet, klædt i skjorte og bukser, der blev holdt oppe af en livrem.

日 本 語

ず，天がそのまま天にあることに，ファルクは驚いた．そして同時にかれの人間的な劣悪な性質がその権利を主張してきて，かれは喉がひどく乾いてきたのを感じた．そこでかれはコッテージの一つに入っていって，水を一杯貰おうと決心した．

ファルクは歩の向きを変え，街からくると道を右に曲がったところにあるコッテージの方に歩いていった．旅行用トランクほどもない狭いホールから，昔のパン焼き小屋に使っていた大きな部屋に通ずるドアは開いていた．部屋の中には折り畳みベッドが一つ，こわれた椅子が一つ，イーゼルが一つあって，二人の男がいた．イーゼルのまえにたっていた一人はシャツにベルトで押さえたズボン姿であった．その男は職人のようにも見

第 3 章

スウェーデン語

byxor, vilka uppehöllos av en svångrem. Han såg ut som en gesäll, men var artist, efter som han höll på att måla skiss till en altartavla. Den andre var en ung man med fint utseende och efter ställets råd och lägenhet* verkligen fina kläder. Han hade avtagit sin rock, vikit ner skjortan* och betjänade för tillfället målaren med sin präktiga byst. Hans vackra, nobla ansikte bar spår efter en föregående natts utsvävningar, och han nickade då och då till med huvudet, varvid han ådrog sig en extra tillrättavisning av mästaren, vilken tycktes ha tagit honom i sitt beskydd. Det var just slutrefrängen av en sådan där upptuktelse, som Falk råkade få höra, då han steg in i farstun.

ノルウェー語

holdt oppe med et belte. Han så ut som en svenn, men var artist, ettersom han holdt på med å male en skisse til en altertavle. Den andre var en ung mann med fine trekk og etter stedets omstendigheter virkelig fine klær. Han hadde tatt av seg jakken, brettet ned skjorten og betjente for anledningen maleren med sin prektige torso. Det vakre, noble ansiktet bar spor etter foregående natts utsvevelser, og hodet gjorde iblant et ufrivillig nikk, hvorved han tildro seg en ekstra tilrettevisning fra mesteren, som syntes å ha tatt ham i sin varetekt. Det var bare sluttrefrenget av en slik opptuktelse Falk kom til å høre da han gikk inn i bislaget.

リル・ヤンスにたむろする開拓者たち

デンマーク語

Han så ud som en håndværkssvend ; men han var kunstner, eftersom han var i færd med at male skisen til en altertavle. Den anden var en ung mand med et fint ydre og efter stedet særdeles fine klæder. Han havde taget sin frakke af og smøget skjorten ned : for øjeblikket stod han model for maleren med sin prægtige overkrop. Hans smukke, fornemme ansigt viste tegn på, at han den foregående nat havde været på svir, og han nikkede nu og da med hovedet. Maleren havde åbenbart taget ham under sin beskyttelse, for han tordnede bravt løs over hans leben ; det var netop slutningsomkvædet på sådan en optugtelse, Falk fik at høre, da han trådte ind i forstuen.

日 本 語

えるが，実は，聖堂の上の飾り用の絵を描いている芸術家であった．もう一人の男は若いハンサムな男で，この場所の状況から見てかなりいい服を着ていた．ちょうどこの男も上着をぬいで，シャツももろ肌ぬぎになり，そのすばらしい上半身を画家のためのモデルの役をしていた．かれのハンサムで整った顔には前夜のご乱行の名残があって，ときどき頭をコックリコックリやっていた．この男は画家の庇護のもとにあるらしく，こっくりやる度に画家の余計な叱責を買っていた．このお叱りの言葉がちょうど繰り返されているとき，ファルクはホールに入るところであって，たまたまこれを聞くことができた．

第 3 章

スウェーデン語

— Att du ska vara ett sådant svin och gå ut och supa med den där slarven Sellén. Nu står du här och slösar bort din förmiddag i stället för att vara på Handels‑Institutet — höj litet på högra axeln — så där! Förstörde du verkligen hela hyran, så att du inte törs gå hem! Har du ingenting kvar alls? Inte ett spår?

— Åjo, nog har jag litet kvar, fastän det inte räcker så långt.

Den unge mannen tog upp en papperssudd* ur byxfickan och vecklade ut den, varvid två riksdalerssedlar blevo synliga.

— Ge mig de där, så ska jag gömma dem åt dig, tillrådde mästaren och tog helt faderligt hand om sedlarne.

Falk, som förgäves sökt

ノルウェー語

— At du skal være et sånt svin og gå ut og drikke med den slarven Sellén. Nå står du her og sløser bort formiddagen istedenfor å være på Handelsinstituttet — litt opp med høyre skulder — sånn, ja! Gjorde du virkelig kål på hele husleien, så du ikke tør å gå hjem! Har du overhodet ingenting igjen? Ikke det grann?

— Åjo, jeg har da litt igjen, skjønt det holder ikke lenge.

Den unge mannen tok opp en papirrull fra bukselommen og viklet den ut, så to riksdalersedler kom til syne.

— Gi meg de der, så skal jeg gjemme dem for deg, tilrådet mesteren og tok faderlig hånd om sedlene.

Falk, som forgjeves had‑

リル・ヤンスにたむろする開拓者たち

デンマーク語

— At du skal være et sådant svin og gå ud og drikke med denne her pjalt til Sellén! Nu står du her og sløser din formiddag bort i stedet for at være på handelsinstituttet — løft lidt på højre skulder — sådan! Satte du virkelig hele huslejen over styr, så du ikke tør gå hjem? Har du slet ingenting tilbage? Ikke en smule?

— Å jo, jeg har vel nok lidt tilbage, men det rækker vist ikke langt.

Den unge mand tog en sammenrullet papirstump op af lommen og viklede den ud, hvorved to rigsdalersedler kom til syne.

— Giv mig dem dér, så skal jeg gemme dem for dig, tilskyndede mesteren ham og tog sedlerne til sig med en faderlig mine.

Falk, som forgæves hav-

日本語

——おまえはそんな豚野郎になって，あの怠け者のセレンと一緒に飲み歩きやがって．今はここで商業学校に行くかわりに午前の時間を無駄づかいしやがって———右肩を少しあげて———それでよし！おまえは家賃を全部使ってしまって，それで家に帰れないのか？全然残ってないのか？一文無しか？

——いや，少しは残っています．でも全然足りないのです．

その若い男はズボンのポケットから紙包みのお金を取り出し，それを広げた．その中に二枚のリクスダーレル紙幣が見えた．

——それをわしによこしなさい．おまえのために預かっておこう，と画家は忠告しながら，父親が気を遣っているように，その金を取り上げた．

ファルクは二人に声をかけた

— 159 —

第 3 章

スウェーデン語

göra sig hörd*, ansåg nu vara så gott att gå sin väg lika obemärkt som han kommit. Han gick sålunda ännu en gång förbi komposthögen* och de båda filosoferna och tog av till vänster ut åt drottning Christinas väg. Han hade icke gått långt, förr än* han fick sikte på en ung man, som slagit upp sitt staffli framför det lilla, albevuxna träsket strax där skogen börjar. Det var en fin, smärt, nästan elegant figur med något spetsigt, mörklagt ansikte ; ett sprittande liv rörde sig genom hela hans person, där han stod arbetande framför den vackra tavlan. Han hade tagit av sig hatt och rock och tycktes befinna sig vid den förtäffligaste hälsa och det bästa humör. Han visslade, småsjöng och småpra-

ノルウェー語

de forsøkt å gjøre seg hørt, anså det nå å være best å gå sin vei like ubemerket som han var kommet. Han gikk således enda en gang forbi komposthaugen og de to filosofene og tok av til venstre bortover Drottning Christinas väg. Han hadde ikke gått langt før han fikk øye på en ung mann som hadde satt opp sitt staffeli foran det lille orekjerret akkurat der skogen begynner. Det var en fin, nett, nesten elegant skikkelse med et litt spisst ansikt, litt mørk i huden ; hele hans person virket sprellende full av liv der han sto og arbeidet foran det vakre bildet. Han hadde tatt av seg hatt og jakke og bar preg av å være i fortreffelig form og i det aller beste humør. Han plystret, småsang og småpratet om hve-

リル・ヤンスにたむろする開拓者たち

デンマーク語

de søgt at vække deres opmærksomhed, syntes nu, at han hellere måtte forsvinde igen, lige så ubemærket, som han var kommet. Han gik ud og kom endnu en gang forbi møddingen og de to filosoffer, drejede så af til venstre ud mod Dronning Christinasvej. Han havde ikke gået langt, før han fik øje på en ung mand, som havde stillet sit staffeli op foran den lille ellebevoksede mose, lige dér hvor skoven begynder. Det var en fin, slank, næsten elegant skikkelse med et spidst, mørkladent ansigt ; der var noget uimodståeligt levende ved ham, mens han stod dér og arbejdede på det smukke maleri. Han havde taget hat og frakke af — han var åbenbart ved det fortræffeligste helbred og det bedste

日　本　語

が，無駄であったので，きたときのように，気づかれずに去っていく方がよいと思った．それで再び堆肥を積んであるところと，二人の哲学者の横を通り，左へ曲がってクリスチャン女王通りの方へいった．ほどなく若い男が目に入った．その男は，森が始まるすぐ手前のはんの木が植わっている沼地のまえで，イーゼルをかまえていた．かれは立派で，スマートで，優雅ともいうべき姿で，顔は細く，暗い感じであった．美しい絵のまえで仕事をしているのを見ると，かれの全身に生命が躍動しているようであった．かれは帽子と上着をぬいで，健康状態も機嫌も最高という面持ちであり，口笛をふいたり，歌の一部を歌ってみたり，独り言をいってみたりしていた．

第 3 章

スウェーデン語 | ノルウェー語

tade omväxlande. | randre.

Då Falk kommit tillräckligt långt fram på vägen för att få honom i profil, vände han sig:

— Sellén! God dag, gamle kamrat!
— Falk! Gamla bekanta ute i skogen! Vad i Guds namn vill det säga! Är du inte i ditt verk så här dags på dan?
— Nej. Men bor du härute?

— Ja, jag flyttade hit med några bekanta den första april; det blev för dyrt att bo i stan — värdarne ä så kinkiga också!
Ett klipskt leende spelade i ena mungipan och de bruna ögonen tindrade.
— Jaså, återtog Falk, då

| Da Falk var kommet langt nok på veien til å se ham i profil, snudde han seg:

— Sellén! God dag, gamle venn!
— Falk! Gamle kjente ute i skogen! Hva i Herrens navn skal det bety! Er du ikke i ditt embede på denne tiden av dagen?
— Nei. Men bor du her ute?

— Ja, jeg flyttet hit med noen bekjente den første april; det ble for dyrt å bo i byen — vertene er så vriene også!
Et kvikt smil lekte i den ene munnviken og de brune øynene tindret.
— Jasså, fortsatte Falk,

リル・ヤンスにたむろする開拓者たち

デンマーク語	日　本　語

humør! Han fløjtede, nynnede og småsnakkede uafbrudt med sig selv.

　Da Falk var kommet så langt frem, at han kunne se hans profil, vendte han sig pludselig mod ham:

— Sellén! Dav, gamle ven!

— Falk! Træffer man gamle venner i skoven! Hvad i Guds navn skal det betyde! Er du ikke på dit kontor på denne tid af dagen?

— Nej. Bor du herude?

— Ja, jeg flyttede herud sammen med nogle venner den første april; det blev for dyrt at bo i byen. Desuden — værter, du ved!

　Et fiffigt smil spillede ham om den ene mundvig, og de brune øjne tindrede.

— Nå, sagde Falk, så ken-

　ファルクがその男の横顔がハッキリみえるほど近づくと，かれはこちらを向いた．

　——セレン！おはよう！

　——ファルク！こんな森の中で旧友に会おうとは！どうしたんだい！今時分は事務所にいるはずじゃなかったのか？

　——いやいや，だが君は今こんなところに住んでいるんかい？

　——そうなんだ．四月のはじめに友達数人とここに来たんだ．街に住むと金はかかるし——それに家主も大層気難しいからね！

　抜け目なさそうな笑いを口元に浮かべながら，茶色の目をパチパチさせた．

　——そうかい，ところであの

— 163 —

第 3 章

スウェーデン語

kanske du känner de där figurerna, som sutto och läste borta vid drivbänkarne?

— Filosoferna? Ja, då! Den där långe är extra ordinarie i auktionsverket med 80 rdr* om året och den där korta, Olle Montanus, han skulle egentligen sitta hemma och vara bildhuggare, men se'n han kom på filosofien tillsammans med Ygberg, så har han upphört att arbeta och nu går det baklänges för honom med raska steg. Han har upptäckt att konsten är något sinnligt!

— Nå, men vad lever han på?

— Ingenting just! Han står ibland modell åt den praktiske Lundell och då får han en bit paltbröd*, och

ノルウェー語

da kjenner du kanskje de personasjene som satt og leste borte ved drivbenkene?

— Filosofene? Jada! Han lange har ekstraordinær beskjeftigelse ved auksjonsverket, med 80 riksdaler i året, og den korte, Olle Montanus, han skulle egentlig sitte hjemme og være billedhugger, men etter at han slo seg på filosofien sammen med Ygberg, så har han sluttet å arbeide og nå går det baklengs for ham med raske skritt. Han har oppdaget at kunsten er noe sanselig!

— Nå, men hva lever han av?

— Overhodet ingenting! Av og til står han modell for den praktiske Lundell og da får han en brødbit, og det

リル・ヤンスにたむろする開拓者たち

| デンマーク語 | 日　本　語 |

der du vel de to løjerlige skabninger, der sidder og læser højt for hinanden derhenne ved drivbænkene?

　— Filosofferne? Ja det kan du bande på! Den lange er ekstraordinær skriver i auktionskontoret med firs rigsdaler om året, og den korte, Olle Montanus, han skulle egentlig sidde hjemme og være billedhugger; men efter at han har slået sig på filosofien sammen med Ygberg, bestiller han ikke det fjerneste mere, og nu går det rask bag af dansen for ham. Tænk: han har opdaget, at kunsten er noget sanseligt noget!

　— Nå, men hvad lever han af?

　— Egentlig ingenting! Han står en gang imellem model for den praktiske Lundell, så får han en bid blodbud-

フレームのところに座って本を読んでいる二人は君の知り合いかね？

　——哲学者たちのことかね？もちろんさ．あの背の高い方は，年80リクスダーレルで競売局の臨時雇いをしていて，低い方はオレ・モンタナスという名前で，本来なら家で彫刻をやっているのだが，奴はイグベリイと一緒に哲学を初めてからというものは，本職をやめてしまって，すごい勢いで後もどりしているね．奴は芸術は何か感覚的なものであることを発見したんだよ．

　——じゃ，なんで食っているんだい？

　——今は何もしていないんだ！ときどき実行派のルンデルのモデルをやって，ブラックプリンを貰ったりして，それで一

第 3 章

スウェーデン語

det lever han på en dag eller så, och så får han ligga på golvet i hans rum om vintrarne, för "han värmer alltid litet", säger Lundell, när veden är så dyr ; och det var ganska kallt här i april månad.

— Hur kan han stå modell, som ser ut som en Quasimodo* ?

— Jo, det är på en korsnedtagning*, där han skall vara den ena rövaren, vars ben redan äro sönderslagna, och den stackars fan har haft höftsjuka, så att, när han lägger sig över en stolskarm, blir han ganska bra. Ibland får han vända ryggen till, och då blir han den andra rövaren.

— Varför gör han ingenting själv då ; har han ingen förmåga ?

ノルウェー語

lever han på en dag eller to, og så får han ligge på gulvet i rommet hans om vinteren, for «han varmer alltids litt», sier Lundell, når veden er så dyr ; og det var ganske kaldt her i april.

— Hvordan kan han stå modell, han som ser ut som Quasimodo ?

— Jo, det er på Nedtagelsen fra korset, der han skal være den ene røveren, han som alt har fått bena knust, og den stakkars jævelen har hatt noe galt med hoftene, så når han legger seg over et armlene, så blir han ganske bra. Av og til får han snu ryggen til, og da blir han den andre røveren.

— Hvorfor lager han ikke noe selv da ; har han ikke noe talent ?

— 166 —

リル・ヤンスにたむろする開拓者たち

デンマーク語	日 本 語

ding, og det lever han på en dag eller to. Så får han også lov til at ligge på gulvet i malerens værelse, for »han varmer da altid noget«, siger Lundell, og brændet er dyrt! Der var temmelig koldt her i april måned.

— Hvor kan han stå model, han ser jo ud som en Quasimodo?

— Jo, det er til en »Nedtagelse af korset«, han skal være den ene røver, hvis knogler er slået i stykker; den stakkels djævel har haft en hoftesygdom engang; når han lægger sig over en stoleryg, bliver han ganske god. En gang imellem må han vende ryggen til, og så forestiller han den anden røver.

— Hvorfor tager han sig ingenting for selv? Har han intet talent i nogen retning?

日か，そこらをしのいでいるのだ．冬には奴は床の上にごろ寝だ．というのはルンデルのいうには，まきが高いので"奴が少しは暖めてくれる"そうだ．四月のここはまだかなり寒いんだよ．

——あれでモデルがやれるかね？（ノートルダムの）せむし男みたいに見えるけど．

——いいんだ，奴は．"十字架から降ろされる"という絵の中の泥棒の一人のモデルをやっているんだが，そいつの脚は折れていることになっているし，この哀れな奴はお尻の病気にもかかっていることになっているんだ．だから奴が安楽椅子にもたれていると，かなりいけるんだ．ときには背中を向けるんだが，そのときは他の泥棒の役をしているという訳だ．

——どうして自分では何もしないんだろう？能力がないんかな？

— 167 —

第 3 章

スウェーデン語

— Olle Montanus, kära du, är ett snille, men han vill inte arbeta, han är filosof och han skulle nog ha blivit en stor man, om han bara fått studera. Det är verkligen märkvärdigt att höra honom och Ygberg när de tala ; det är visst sant att Ygberg har läst mera, men Montanus har ett så fint huvud att han knäpper honom i bland, och då går Ygberg sin väg och läser in ett stycke till ; men aldrig får Montanus låna hans bok.

— Jaså, ni tycker om Ygbergs filosofi ? frågade Falk.

— Å, det är så fint ! så fint ! Du tycker väl om Fichte* ? Oj, oj, oj en sådan karl !

— Nå, avbröt Falk, som icke tyckte om Fichte, vilka voro de två figurerna inne i

ノルウェー語

— Olle Montanus, kjære deg, han er et geni, men han vil ikke arbeide, han er filosof og han ville nok blitt en stor mann om han bare hadde fått studere. Det er virkelig bemerkelsesverdig å høre på ham og Ygberg når de snakker ; det er sant at Ygberg har lest mer, men Montanus har et så godt hode at han setter ham til veggs iblant, og da går Ygberg sin vei og studerer et stykke videre ; men aldri får Montanus låne boken hans.

— Jasså, så De synes godt om Ygbergs filosofi ? spurte Falk.

— Å, det er så fint ! Så fint ! Du liker vel Fichte ? Oi, oi, oi, for en mann !

— Nå, avbrøt Falk, som ikke likte Fichte, hvem er de to fyrene inne i stuen

リル・ヤンスにたむろする開拓者たち

デンマーク語

— Olle Montanus, kære du, er et geni, men han vil ikke arbejde, han er filosof, og han ville måske være blevet en stor mand, hvis han bare havde fået lov at studere. Det er virkelig mærkværdigt at høre ham og Ygberg, når de disputerer; Ygberg har ganske vist læst mere, men Montanus har et så fint hoved, at han gang på gang sætter ham til vægs, og så går Ygberg hjem og læser! Montanus får aldrig lov til at låne hans bog.

— Nå, så I synes om Ygbergs filosofi herude? spurgte Falk.

— Å, den er så fin, så fin! Du kan vel lide Fichte? Hva'? Ikke? Sikken en karl!

— Nå, afbrød Falk, som ikke brød sig om Fichte, hvem var de to fyre inde i

日 本 語

——いや、君. オレ・モンタナスは天才なんだよ. だが、かれは働こうとしないんだ. 奴は哲学者なんだし、もし奴が勉強さえすれば、偉い人に充分なれるに違いないよ. 奴とイグベリイが話をしているのを聞くと、まったく驚くべきものがあるよ. 確かにイグベリイの方がよく勉強している. しかしモンタナスは頭がいいもんだから、ときどきイグベリイをやっつけているのだ. するとイグベリイは頑張って、もう少し勉強するという訳だ. だが、かれはモンタナスには決して本を貸そうとしないね.

——ああそう. 君はイグベリイの哲学は好きなんだね、とファルクがたずねた.

——ウンいいね！とてもいいよ！君はフィヒテが好きなんだろう？ウン、ウン、フィヒテはそんな感じの奴なんだ.

——ところで、コッテージの中にいる二人は誰だい？とフィヒテはあまり好きでないファル

— 169 —

第 3 章

スウェーデン語

stugan?

— Jaså, du har sett dem också! Jo, den ena var den praktiske Lundell, figur- eller rättare kyrkmålare, och den andre var min vän Rehnhjelm.

De sista orden försökte han uttala med en mycket likgiltig ton för att göra intrycket dess starkare.

— Rehnhjelm?

— Ja; en mycket hygglig pojke.

— Han stod modell därinne?

— Gjorde han! Ja, den Lundell*; han kan begagna människor; det är en för märkvärdigt praktisk karl. Men kom med, så ska vi gå in och reta honom, det är det roligaste jag har härute; då kanske du också kan få höra Montanus tala och det är verkligen intressant.

ノルウェー語

der?

— Jasså, har du sett dem også! Jo, den ene er den praktiske Lundell, figur- eller rettere sagt kirkemaler, og den andre er min venn Rehnhjelm.

De siste ordene forsøkte han å uttale med en svært likegyldig tone for å gjøre inntrykket desto sterkere.

— Rehnhjelm?

— Ja, en riktig hyggelig gutt.

— Han sto modell der inne?

— Gjorde han det! Ja, den Lundell; han kan bruke mennesker; det er en bemerkelsesverdig praktisk mann. Men bli med, så skal vi gå inn og erte ham litt, det er det morsomste man kan foreta seg her ute; da kan du kanskje få høre Montanus snakke også, og det er vir-

— 170 —

リル・ヤンスにたむろする開拓者たち

デンマーク語

stuen?
— Dem har du også set! Jo, den ene er den praktiske Lundell, figur- eller rettere kirkemaler! Den anden er min ven Rehnhjelm.

De sidste ord forsøgte han at udtale i en ligegyldig tone, for at gøre indtrykket så meget des stærkere.
— Rehnhjelm?
— Ja — en rigtig flink fyr.

— Han stod model derinde.
— Gjorde han? Ja, den Lundell! Han forstår at bruge sine medmennesker, han er næsten for praktisk igen! Men kom med, så går vi ind og driller ham, det er den største fornøjelse, jeg har herude! Så kan du måske få lov til at høre Montanus tale, det er virkelig interes-

日本語

クがたずねた．
——ああそう．君はあの連中も見たのか！一人は実行派のルンデルで，肖像画家，正確にいえば教会画家だ．もう一人は私の友人のレンイェルムだ．

かれは最後の二・三語をできるだけ冷ややかな調子で言おうとしたが，逆に強い印象を与えるようになった．
——レンイェルムだって？
——そう，とてもいい奴だよ．

——かれはそこでモデルをやっているんかい？
——やっているかって，そうさ．あのルンデル．奴は人の使い方がうまいからね．奴は驚くほど実行的な男だ．だが，一緒にこいよ．行って奴をからかってやろう．ボクが郊外のここにいて一番の楽しみはこれだ．君も多分，モンタナスの話を聞く方が実際おもしろいだろう．

第 3 章

スウェーデン語

Mindre lockad av utsikterna att få höra Montanus tala, än för att få ett glas vatten, följde han Sellén och hjälpte honom bära staffli och schatull*.

I stugan hade scenen så till vida förändrats att modellen fått sätta sig på den söndriga stolen och att Montanus och Ygberg slagit sig ner i fållbänken. Lundell stod vid staffliet och rökte en snarkande träsnugga* för de fattiga kamraterna, vilka fröjdade sig åt blotta närvaron av en tobakspipa.

Då häradshövding Falk blivit presenterad, tillvaratogs han genast av Lundell, som ville höra hans

ノルウェー語

kelig interessant.

Mindre fristet av utsiktene til å få høre Montanus snakke enn til å få et glass vann, fulgte han Sellén og hjalp ham å bære staffeli og malerskrin.

I stuen hadde scenen forandret seg, slik at modellen hadde måttet sette seg på den ødelagte stolen, mens Montanus og Ygberg hadde slått seg ned på slagbenken. Lundell sto ved staffeliet og røkte en surklende snadde for de fattige vennene, som frydet seg over det blotte nærvær av en tobakkspipe.

Da sorenskriver Falk var blitt presentert, ble han straks tatt hånd om av Lundell, som ville høre hans mening

リル・ヤンスにたむろする開拓者たち

| デンマーク語 | 日本語 |

sant !

　Falk følte sig ikke videre fristet af udsigten til at høre Montanus tale, men så meget des mere af muligheden for at få et glas vand, derfor gik han tilbage sammen med Sellén og hjalp ham med at bære staffeli og malerkasse.

　Inde i huset var scenen ændret, for så vidt som modellen havde fået lov at sætte sig på den itubrudte stol, og Montanus og Ygberg havde slået sig ned på slagbænken. Lundel stod ved staffeliet og røg på en snorkende træsnadde, foran de fattige kammerater, der frydede sig, blot de mærkede lugten af en tobakspibe.

　Da Falk var blevet præsenteret, kaprede Lundell ham øjeblikkelig : han ville høre hans mening om sit maleri.

　ファルクはモンタナスの話をきくためのチャンスを持つより，水が一杯欲しかったので，イーゼルと絵の具箱を運ぶのを手伝いながら，セレンのあとをついていった．

　コッテージでの光景は大分変わっていて，モンタナスとイグベリイが折り畳みベッドで寝転がっていた．ルンデルはイーゼルのまえに立って，鼻をならしながら，パイプを貧しい仲間のためにくゆらせていた．この仲間たちときたら，煙草のパイプが存在するということだけで喜んでいたのだ．

　地方判事補ファルクとして紹介されると，ルンデルがすぐに，自分の絵をどう思うか聞かせてほしい，とファルクにたずねた．

第 3 章

スウェーデン語

mening om sin tavla. Denna befanns vara en Rubens*, åtminstone till ämnet, om icke till färg eller teckning. Därpå utgöt sig* Lundell över de svåra tiderna för en artist, tog ner Akademien och häcklade Regeringen, som icke gjorde något för den inhemska konsten. Han höll nu på att måla skiss till en altartavla i Träskåla, men han var så viss på, att den icke skulle bli antagen, ty utan intriger och relationer kom man ingenstans. Härvid kastade han en forskande blick på Falks kläder för att se efter, om han kunde duga till att vara en relation.

En annan verkan hade Falks inträde haft på de båda filosoferna. De hade i honom

ノルウェー語

om sitt bilde. Dette ble funnet å være en Rubens, i det minste i sitt tema, om ikke i koloritt og figurasjon. Derpå utøste Lundell seg over hvor vanskelige tidene var for en kunstner, sablet ned Akademiet og hakket opp regjeringen, som ikke gjorde noe som helst for landets egen kunst. Han holdt nå på med en skisse til en altertavle i Träskåla, men han var aldeles sikker på at den ikke ville bli antatt, for uten intriger og forbindelser kom man ingen vei. I det samme kastet han et undersøkende blikk på Falks klesdrakt for å avgjøre om han kunne duge som forbindelse.

Falks inntreden hadde hatt en annen virkning på de to filosofene. De hadde i Fa-

リル・ヤンスにたむろする開拓者たち

デンマーク語

Billedet blev befundet at være en Rubens, i det mindste hvad emnet angik, om ikke efter sin kolorit og tegning. Derpå udbredte Lundell sig i jeremiader over, hvor vanskelig tiden var for en kunstner, rakkede ned på Akademiet og kritiserede regeringen, fordi den ikke gjorde noget for den hjemlige kunst. Han var just i færd med skitsen til en altertavle i Träskåla, men han var ganske sikker på, at den ikke ville blive antaget, for uden intriger og forbindelser kom man ingen vegne. Her kastede han et forskende blik hen på Falks fine klæder for om muligt at hitte ud af, om han kunne ligne en forbindelse.

Falks ankomst havde haft en anden virkning på de to filosoffer. De havde øjeblik-

日　本　語

その絵はたとえ色や，描き方は違うとしても，一種のルーベンス風であり，少なくとも題材はそれを目指していることが判った．それからルンデルが芸術家として難しい時代について滔々とぶちはじめた．かれはアカデミーをきびしくこきおろし，土着の芸術になんら策を講じない政府をコテンパンにやっつけた．かれは今，トレースコーラ教会の聖壇のための絵を描いているところであるが，その絵は受け入れられることはないだろうということを確信していた．なぜなら，なにかたくらむか，コネがなければ，だれも何もできないのだから，というのだ，そして今度はファルクの服を，何か有効なコネにつながらないか，とジロジロ眺めた．

このファルクの出現は二人の哲学者にももう一つの作用をもたらした．二人はすぐにかれを

第 3 章

スウェーデン語

genast upptäckt en "som lärt", och de hatade honom, ty han kunde beröva dem deras prestige inom det lilla samhället. De växlade betydelsefulla blickar, vilka genast uppfattades av Sellén, som därför frestades att visa sina vänner i deras glans och om möjligt få en drabbning till stånd. Han fann snart sitt tvedräktsäpple, måttade, kastade och träffade.

— Vad säger Ygberg om Lundells tavla?

Ygberg, som icke väntat att få ordet så snart, måste tänka några sekunder. Därpå svarade han med markerad röst följande, allt under det Olle gned honom i ryggen för att han skulle hålla sig styv:

— Ett konstverk kan, en-

ノルウェー語

lk straks oppdaget en «som hadde studert», og de la ham for hat, for han kunne berøve dem deres prestisje innenfor det lille samfunnet. De vekslet megetsigende blikk, som straks ble oppfattet av Sellén, som derfor ble fristet til å vise sine venner i deres fulle glans og om mulig få i stand en trefning. Han fant snart sitt stridseple, siktet, kastet og traff.

— Hva mener De om Lundbergs bilde da, Ygberg?

Ygberg, som ikke hadde ventet å få ordet så snart, måtte tenke seg om noen sekunder. Derpå svarte han med distinkt stemme følgende, mens Olle gned ham i ryggen for at han skulle holde seg rak:

— Et kunstverk kan etter

リル・ヤンスにたむろする開拓者たち

デンマーク語	日 本 語

kelig i ham opdaget en, »der *vidste* noget«, og de hadede ham, for han kunne berøve dem deres prestige inden for det lille samfund. De vekslede betydningsfulde blikke, hvis mening øjeblikkelig blev opfattet af Sellén, som derfor følte sig fristet til at demonstrere sine venner i al deres glans og om muligt få etableret en træfning. Han fandt snart sit stridens æble, sigtede, kastede og traf.

— Hvad siger du, Ygberg, om Lundells maleri?

Ygberg, som ikke havde ventet at få ordet så hurtigt, måtte tænke sig om nogle sekunder. Derpå svarede han med tyk stemme følgende, alt mens Olle strøg ham på ryggen for at holde ham opret:

— Et kunstværk kan, ef-

教養ある人間と嗅ぎつけ，この小さな社会での，かれらの名声を奪うのでないか，とファルクに反感を感じていた．二人は意味あり気な視線をかわしたが，セレンはこれをすぐ察して，この光輝ある友人たちを引き立ててやろう，できれば一戦交えてくれれば面白いと思った．かれはすぐに論争の種を見つけだし，ネライを定めて一投し，それは命中した．

——イグベリイ君，君はルンデルの絵をどう思うかね？

そんなに早く，何かいわされるとは思っていなかったイグベリイはしばし考えねばならなかった．それからおもむろにハッキリした声で次ぎのようにいった．その間，オレはイグベリイがシャンとしているようにかれの背中をこすっていた．

——私の意見によれば，芸術

— 177 —

第 3 章

スウェーデン語

ligt min mening, sönderdelas i två kategorier : innehåll och form. Vad innehållet i detta konstverk beträffar, är det av djupt och allmänt mänskligt innehåll, motivet är fruktbart, i och för sig, såsom sådant, och innebär alla de begreppsbestämningar och potenser, som kunna göra sig gällande för konstnärlig produktion; vad formen åter beträffar, vilken i sig skall de facto* manifestera begreppet, det vill säga den absoluta identiteten, varat, jaget — så kan jag icke underlåta att finna den mindre adekvat.

Lundell var smickrad av recensionen, Olle log saliga löjen, som om han såg de himmelska härskarorna, modellen sov, och Sellén fann, att Ygberg hade gjort full-

ノルウェー語

min oppfatning inndeles i to kategorier : form og innhold. Hva innholdet i dette kunstverk angår, er det av dypt og allment menneskelig innhold, motivet er fruktbart, i og for seg, som sådant, og innebærer alle de begrepsbestemmelser og potensialer som kan gjøres gjeldende for kunstnerisk produksjon ; hva så formen angår, hvilken i og for seg de facto skal manifestere begrepet, det vil si den absolutte identitet, væren, jeget — så kan jeg ikke unngå å finne den mindre adekvat.

Lundel var smigret av anmeldelsen, Olle flirte salige flir, som så han de himmelske hærskarer, modellen sov, og Sellén slo fast at Ygberg hadde gjort full suksess. Nå

リル・ヤンスにたむろする開拓者たち

デンマーク語	日 本 語
ter min mening, deles efter to kategorier : indhold og form. Hvad indholdet i dette kunstværk angår, så er det af et dybt og alment menneskeligt indhold, motivet er frugtbart, i og for sig, som sådant betragtet, det indeholder alle de begrebsbestemmelser og nuancer, som kan gøre sig gældende ved kunstnerisk produktion ; hvad formen derimod angår, der i sig skal »de facto« manifestere begreber, det vil sige den absolutte identitet, væsenet, jeget — så kan jeg ikke lade være med at finde den mindre adækvat.	作品というものは内容と形式という二つの範疇にわけられる．この芸術作品での内容とするものは深淵にして，且つ，汎人間的な内容のそれであり，その動機は稔り多きもので，それ自体がそういうようなもので，芸術的創造に関して問題となり得る概念決定とか，潜在力をすべて含んでいるのである．形式についていえば，それ自身，事実，その概念，すなわち絶対的同一性，存在，自我といったものを明白に表明している．———だから私はこれほど適切なものは見いだし得ないといいたい．
Lundell var smigret over recensionen, Olle smilede saligt, som om han så de himmelske hærskarer, modellen sov, og Sellén fandt, at Ygberg havde haft en fuld-	ルンデルはこの批評に満足そうな顔をした．オレは天の神を観照しているかのように，マジメくさった微笑をみせていた．モデルは眠っていて，セレンはイグベリイが完全な成功をおさ

第 3 章

スウェーデン語

ständig succés. Nu riktades allas blickar mot Falk såsom den där skulle upptaga den kastade handsken*, ty att det var en handske, därom voro alla ense.

Falk kände sig både road och förargad, och han letade i sitt minnes gamla skräpgömmor* efter några filosofiska väderbössor*, då han fick syn på Olle Montanus, som på slutet fått ansiktskonvulsioner, vilket antydde att han ämnade tala. Falk tog på måfå, laddade med Aristoteles och lossade av.

— Vad menar notarien med adekvat? Jag kan inte erinra mig, att Aristoteles begagnar det ordet i sin

ノルウェー語

ble alles blikk rettet mot Falk, som den som skulle ta opp den kastede hanske, for at det var en hanske, det var alle enige om.

Falk fant det både underholdende og irriterende, og han lette i hukommelsens gamle skrotkjeller for å finne noe filosofisk løskrutt, da han fikk øye på Olle Montanus, som nå hadde fått ansiktskonvulsjoner som antydet at han aktet å gripe ordet. Falk grep på måfå, ladet med Aristoteles, og fyrte løs.

—Hva mener notaren med adekvat? Jeg kan ikke erindre at Aristoteles benytter det ordet i sin metafysikk.

リル・ヤンスにたむろする開拓者たち

デンマーク語 | 日本語

kommen succes. Nu blev alle blikke rettet mod Falk ; han måtte da tage handsken op, for at det var en handske, det var alle enige om !

Falk følte sig på én gang munter og ærgerlig til mode, og han ledte i sin erindrings gamle ragelsegemmer efter nogle filosofiske luftbøsser, han kunne knalde af på dem ; men så fik han øje på Olle Montanus, der netop havde fået ansigtstrækninger, hvilket betød, at han havde til hensigt at tale. Falk greb ned i bunken på må og få, ladede bøssen med Aristoteles og fyrede.

— Hvad mener kandidaten med adækvat ? Jeg kan ikke erindre, at Aristoteles benytter ordet i sin metafy-

めたことを認めた．そこで皆の視線がファルクに集まって，それは投げられた手袋をひろって挑戦に応じるべきだ，といっているようであった．というのはイグベリイの批評は一つの挑戦であってそのことは，皆が認めていることであったからである．

ファルクはこれは面白いと思ったが，一方困惑も感じ，何か哲学的な空気銃はないか，と記憶の旧い屑のたまり場をゴソゴソと探した．そのときかれは，オレ・モンタナスが何か言いたそうに，顔をピクピクけいれんさせるのを終るのを見たので，深く考えもしないで，アリストテレスを弾丸にして発射した．

——書記殿は適切なものといわれましたが，それはどういう意味でしょうか？私はアリストテレスがかれの形而上学でこの

— 181 —

第 3 章

スウェーデン語

metafysik.

Det blev alldeles tyst i rummet, och man kände att här gällde en strid mellan Lill-Jans och Gustavianum. Pausen blev längre än önskligt, ty Ygberg kände inte Aristoteles och skulle heldre* dö än erkänna det. Som han icke var kvick i slutledningarne*, kunde han icke upptäcka den bresch* Falk lämnat öppen; men detta kunde Olle, och han uppfångade den avlossade Aristoteles, tog honom med båda händerna och slungade honom tillbaka på sin motståndare.

— Ehuru olärd, dristar jag mig dock undra, huruvida häradshövdingen har kullkastat sin motståndares argumenter. Jag tror att adekvat kan sättas som be-

ノルウェー語

Det ble fullstendig stille i rommet, og man følte at her gjaldt det en strid mellom Lill-Jans og Gustavianum. Pausen ble lenger enn ønskelig, for Ygberg kjente ikke Aristoteles og ville heller dø enn å innrømme det. Siden han ikke var kvikk i tankegangen, kunne han ikke se den bresjen Falk hadde latt stå åpen; men det kunne Olle, og han fanget opp den avfyrte Aristoteles, tok ham med begge hender og slynget ham tilbake mot motstanderen.

— Selv om jeg ikke er lærd, drister jeg meg likevel til å lure på hvorvidt sorenskriveren har kullkastet sin motstanders argumenter. Jeg tror at adekvat kan settes

リル・ヤンスにたむろする開拓者たち

デンマーク語

sik.

Der blev helt stille i værelset, og man følte, at det nu trak op til en strid mellem Lille-Jans og Uppsala. Pausen blev længere end ønskelig, for Ygberg kendte ikke Aristoteles og ville hellere dø end indrømme det. Da han ikke var rap til konklusioner, kunne han ikke opdage den breche, Falk havde ladet stå åben; men dette kunne Olle, og han greb den afskudte Aristoteles i farten, tog ham med begge hænder og slyngede ham tilbage til sin modstander.

— Endskønt jeg er ulærd, drister jeg mig dog til at fremsætte min tvivl om, hvorvidt hr. fuldmægtigen har kuldkastet sin modstanders argumenter. Jeg tror, at or-

日本語

言葉を用いていたことは思い出せません．

　部屋はシンと静まり返った．リル・ヤンス派と（ウプサラの）グスタビアン派の決闘が今ここに始まるのだと，皆感じた．静粛は思ったより長く続いた．というのは，イグベリイはアリストテレスのことを知らなかったし，それを認めるくらいなら死んだがまし，と思ったからである．かれは当意即妙の答えで切り抜けるほど，頭の回転は早くなかったので，ファルクが開いたまま残していた突破口を見つけることができなかった．しかしオレはそれができた．かれは投げかけられたアリストテレスの言葉を両手でとらえ，それを対抗者に投げ返したのである．

　――私はあまり勉強してないけど，判事殿が相手の論議をひっくり返したのか，どうか，あえて疑問を投げかけるものです．私の意見では，アリストテレスはかれの形而上学では，適切な

第 3 章

スウェーデン語

stämning i en logisk konklusion och gälla såsom sådan, oaktat icke Aristoteles nämner ordet i sin metafysik. Har jag rätt, mina herrar? Jag vet inte! Jag är en olärd man, och häradshövdingen har studerat de där sakerne.

Han hade talat med halvspända ögonlock; nu fällde han dem helt och hållet och såg oförskämt blygsam ut.

— Olle har rätt, mumlades från alla håll.

Falk kände att här måste tas itu* med hårdhandskarne, om Uppsalahedern skulle kunna räddas; han gjorde en volt med den filosofiska kortleken och fick upp ett Ess.

— Herr Montanus har för-

ノルウェー語

som bestemmelse i en logisk konklusjon og gjelde som sådan, selv om ikke Aristoteles nevner ordet i sin metafysikk. Har jeg rett, mine herrer? Jeg vet ikke! Jeg er en ulærd mann, og sorenskriveren har studert disse tingene her.

Han hadde talt med halvåpne øyenlokk; nå lukket han dem helt og holdent og så uforskammet beskjeden ut.

— Olle har rett, ble det mumlet fra alle hold.

Falk følte at her måtte man gå hardere til verks dersom han skulle klare å redde Uppsalas akademiske ære; han foretok en behendig stokking av den filosofiske kortstokk og fikk opp et Ess.

— Herr Montanus har for-

リル・ヤンスにたむろする開拓者たち

デンマーク語	日　本　語
det adækvat kan anbringes som bestemmelse i en logisk slutning og gælde som sådan, selv om Aristoteles ikke nævner ordet i sin metafysik. Har jeg ret, mine herrer? Jeg ved det ikke. Jeg er en ulærd mand, og hr. fuldmægtigen har studeret disse sager. Han havde talt med halvt sænkede øjenlåg; nu sænkede han dem helt og holdent og så uforskammet blufærdig ud. — Olle har ret, mumlede man fra alle kanter. Falk følte, at her måtte der tages fat med en jernhånd, hvis Uppsalaæren skulle reddes; han gjorde en volte med det filosofiske kortspil og fik et es op. — Hr. Montanus har benæg-	という言葉を使ってはいないけど，この言葉は論理的な結論における修飾語とか，その種のものに措定できると思っていますが，いかがでしょうか？わたしにはわからないんです．私は教養がないんですけど，判事殿はこの種のことを勉強されたんでしょう． かれは半分眼を閉じながら話していたが，その頃にはすっかり眼をつぶってしまって，厚かましくも，はずかしげな顔付きをしていた． ——オレは正しい，というのが皆のつぶやきであった． ファルクはもしウプサラの名誉が守られるなら，ここで思い切った手段をとらねばならないと感じ，哲学的なカードを素早くかきまぜ，まずエースを取り上げた． ——モンタナスさんは前提を

第 3 章

スウェーデン語 | ノルウェー語

nekat översatsen eller helt enkelt sagt *nego majorem* ! Gott! Jag förklarar återigen att han gjort sig skyldig till ett *posterius prius ;* han har, då han skulle göra ett hornslut*, förirrat sig och gjort syllogismen* efter *ferioque* i stället för *barbara ;* han har glömt den gyllene regeln : *Cæsare Camestres festino barocco secundo* och därför blev hans konklusion *limitativ !* Har jag inte rätt, mina herrar ?

nektet første premiss eller rett og slett sagt *nego majorem* ! Godt! Jeg erklærer igjen at han har gjort seg skyldig i et *posterius prius* ; han har, da han skulle foreta en *syllogismus cornutus* forvillet seg og gjort syllogismen etter *ferioque* i stedet for *barbara* ; han har glemt den gyldne regel: *Cæsare Camestres festino barocco secundo* og derfor ble hans konklusjon *limitativ* ! Har jeg ikke rett, mine herrer ?

— Mycket rätt, mycket rätt, svarade alla, utom de båda filsoferna, som aldrig haft en logik i hand.

— Aldeles rett, aldeles rett, svarte alle, bortsett fra de to filosofene, som aldri hadde hatt en logikkbok i

リル・ヤンスにたむろする開拓者たち

デンマーク語	日 本 語
tet min præmis eller ganske ligefrem sagt *nego majorem!* Godt! Jeg erklærer endnu en gang, at han har gjort sig skyldig i et *posterius prius ;* han har, da han skulle gøre en syllogisme, taget fejl og gjort syllogismen efter *ferioque* i stedet for *barbara ;* han har glemt den gyldne regel: *Cæsare Camestres festino barocco secundo*, og derfor blev hans konklusion *limitativ!* Har jeg ikke ret, mine herrer?	否定されて，単に"nego majorem!（私はその大前提を否定する)"といわれた．結構です．私はもう一度，オレさんが"posterius prius（与えられた結論における論理的順序が見られないこと)"に責任があることをご説明しましょう．あなたは両刀論（詭弁）を用いねばならなかったのに，迷って"barbara"の代わりに"ferioque"（barbara も ferioque も三段論法の格式の一種で，第一格に対応）に従って三段論法をやってみた訳です．あなたは"Caesare Camestres festino barocco secundo（三段論法の格式覚え歌の一節，第二格に対応)"という金科玉条を忘れ，そのためあなたの結論は"limitativ（限定的)"になりました．私は間違っているでしょうか？皆さん．
― Det er fuldstændig rigtigt, svarede alle, undtagen de to filosoffer, som aldrig havde haft en logik i hån-	――まったく正しい，まったく正しい．論理学を手にしたことのない二人の哲学者以外は全員賛成した．

第 3 章

スウェーデン語	ノルウェー語
Ygberg såg ut som om han bitit i spik och Olle grinade som om han fått snus i ögonen ; men som han var en klipsk karl, hade han också upptäckt sin motståndares taktiska metod. Han fattade sålunda hastigt det beslutet att icke svara på spörsmålet, utan tala om något annat. Han drog sålunda fram ur minnet allt vad han lärt och allt vad han hört, börjande med det referat av Fichtes vetenskapslära som Falk nyss hört genom planket, och detta drog ut på förmiddagen.	hånden. Ygberg så ut som han hadde bitt i en spiker og Olle som han hadde fått snus i øynene ; men siden han var en gløgg fyr hadde han også oppdaget sin motstanders taktikk. Han fattet derfor raskt den beslutning å ikke svare på spørsmålet, men å snakke om noe annet. Han trakk således frem fra hukommelsen alt han hadde lært og alt han hadde hørt, begynte med det referatet av Fichtes vitenskapslære som Falk nettopp hadde hørt gjennom plankegjerdet, og dette varte utover formiddagen.
Under tiden stod Lundell och målade och snarkade med sin sura träpipa. Modellen hade somnat på den trasiga stolen, och hans huvud sjönk allt djupare och	Imens sto Lundell og malte og surklet med sin sure snadde. Modellen hadde sovnet på den fillete stolen, og hodet hans sank stadig dypere, til det ved tolvtiden

リル・ヤンスにたむろする開拓者たち

デンマーク語

den.

Ygberg så ud, som om han havde spist søm, og Olle skar ansigt, som om han havde fået snus i øjnene; men han var en snedig fyr, og han opdagede snart sin modstanders taktiske metode. Han besluttede derfor ikke at avare på spørgsmålet, men tale om noget andet. Og nu halede han op af sin erindring alt, hvad han havde lært, og alt, hvad han havde hørt, han begyndte med det referat af Fichtes videnskabslære, som Falk før hørte igennem plankeværket! Og dette trak ud til hen på formiddagen.

Imidlertid stillede Lundell sig hen ved sit staffeli og malede videre, mens han snorkede på sin sure træpibe. Modellen var faldet i søvn på den lasede stol; hans ho-

日　本　語

イグベリイは釘を嚙んだような顔をし、オレは目に嗅ぎたばこが入ったかのように苦笑した。しかしかれは回転の早い男であったので、相手の戦略的な方法を見破った。かれは素早く、質問に答えるのでなく、何か他のことを話する決心をした。そこでかれは自分が学んだこと、聞きかじったことすべてを記憶の中から取り出し、さっきファルクが垣根越しに聞いたフィヒテの学理に関することをしゃべり始め、これが延々と午前中続いた。

その間じゅう、ルンデルは絵を描き、酸っぱいパイプで嗅ぎたばこを吸っていた。モデルは壊れかけた椅子でコックリやっていて、かれの頭はますます深くたれてきて、十二時ころには

— 189 —

第 3 章

スウェーデン語

djupare, tills det vid tolvtiden hängde mellan hans knän, så att en matematiker kunde räknat ut när det skulle nå jordens medelpunkt.

Sellén satt i öppna fönstret och njöt, och den arme Falk, som drömt om ett slut på den förfärliga filosofien, måste ta hela nävar med filosofiskt snus och kasta i ögonen på sina fiender. Pinan skulle ha blivit utan ända, om icke modellens tyngdpunkt så småningom blivit flyttad över på en av stolens ömtåligaste sidor, så att denna med ett brak gick sönder och Rehnhjelm föll i golvet, varvid Lundell fick ett tillfälle att bryta ut över dryckenskapslasten och dess bedrövliga följder både för en själv och för andra, med vilka senare han menade

ノルウェー語

hang mellom knærne på ham, slik at en matematiker kunne ha regnet ut når det ville nå jordens midtpunkt.

Sellén satt i det åpne vinduet og nøt det hele, og den stakkars Falk, som drømte om å få en slutt på den forferdelige filosofien, måtte ta nevevis med filosofisk snus og kaste i øynene på sine fiender. Pinen ville blitt endeløs, hvis ikke modellens tyngdepunkt etterhvert var blitt flyttet over på en av stolens mer ømtålige sider, slik at den gikk istykker med et brak og Rehnhjelm falt i gulvet, hvorpå Lundell fikk anledning til et utbrudd om drukkenskapens last og dens bedrøvelige følger både for en selv og for andre, og siktet med det

リル・ヤンスにたむろする開拓者たち

デンマーク語	日 本 語
ved sank stadig dybere og dybere, til det ved tolvtiden hang nede mellem hans knæ — en matematiker kunne have regnet ud, hvornår det ville nå jordens midtpunkt.	膝の間に入ってしまい，数学者なら，それがいつ地球の中心に到達できるか，計算できるくらいであった．
Sellén sad i det åbne vindue og nød situationen, og den arme Falk, som havde håbet på, at denne skrækkelige filosofiske diskussion skulle holde op, måtte tage hele nævefulde filosofisk snus og kaste det i øjnene på sine fjender. Og der var aldrig kommet en ende på det, hvis ikke modellens tyngdepunkt lidt efter lidt var blevet flyttet over på en af stolens ømfindtligste punkter : pludselig brast den itu, og Rehnhjelm faldt på gulvet! Lundell fik derved lejlighed til at give sine følelser luft over for drukkenskabens sørgelige	セレンは開いた窓のところに座って，いい気分になっていた．この恐ろしい哲学の終結を夢見ていた哀れなファルクは，敵の眼の中に哲学の嗅ぎたばこのかたまりをつかんで投げこまねばならなかった．そしてモデルの重心がだんだん椅子のもっとも壊れそうな方に移っていって，バシンとこれが壊れ，レンイエルムが床にひっくりかえって，ルンデルが酒びたりの悪癖が本人のためにも，むしろかれ自身を意味する他人のためにも，嘆かわしい結果になる，ということについて一発かます機会をもつようにならなければ，この拷問は果てしなく続くところであった．

第 3 章

スウェーデン語

sig själv.

ノルウェー語

siste til seg selv.

Falk, som ville söka hjälpa den förlägne ynglingen ur hans bryderi, skyndade att väcka en fråga på tal som kunde vara av det mest allmänna intresse.

— Var ämna herrarne äta middag i dag?

Det blev så tyst att man hörde flugorna surra; Falk visste icke han, att han trampat på fem liktornar på en gång. Lundell bröt först tystnaden. Han och Rehnhjelm skulle äta på Grytan, där de brukade äta, emedan de hade kredit; Sellén ville icke äta där, emedan han icke var nöjd med maten, och han hade ännu icke deciderat sig för något ställe, vid vilken osanning

Falk, som ville prøve å hjelpe den uheldige yngling ut av hans forlegenhet, skyndte seg å bringe på bane et spørsmål som kunne være av allmenn interesse.

— Hvor har herrene tenkt å spise middag i dag?

Det ble så stille at man hørte fluene surre; Falk visste jo ikke at han hadde tråkket på fem liktær på en gang. Lundell brøt tausheten først. Han og Rehnhjelm skulle spise på Grytan, der de pleide å spise, da de hadde kreditt; Sellén ville ikke spise der, da han ikke var fornøyd med maten, og han hadde ennå ikke bestemt seg for noe sted, og idet han uttalte denne usann-

リル・ヤンスにたむろする開拓者たち

| デンマーク語 | 日　本　語 |

last og dens bedrøvelige følger både for letsindige unge mænd og for andre, hvormed han mente sig selv.

Falk, der ville redde den forlegne yngling ud af hans pinlige situation, skyndte sig med at bringe et spørgsmål af mere almen interesse på bane.

— Hvor har herrerne tænkt at spise til middag i dag?

Der blev så stille, at man hørte fluerne summe; Falk vidste ikke, at han havde trådt på fem ligtorne på én gang. Lundell brød først tavsheden. Han og Rehnhjelm skulle ned i »Gryden«, hvor de plejede at spise, eftersom de havde kredit dér. Sellén ville ikke spise dernede, fordi han ikke var tilfreds med maden, og han havde endnu ikke bestemt sig for noget andet sted; her så han hen

　ファルクはこの困っている若者をその困惑から助け出そうとして, 皆が最も興味をもっている話題に話をもっていこうとした.

　——皆さんは今日の昼食はどこでやりますか?

　一同はシンとなり, はいの羽ばたきが聞こえるくらいであった. ファルクは一度に五コの豆を踏みつけたことに気づかなかった. ルンデルが最初に沈黙を破った. かれはレンイェルムといきつけのところで, ツケのきくグリュータンで食べようと思っていたのだ. セレンはそこの食事は好みでないので, そこには行くつもりはなかったが, といってどこにするかまだきめてないと, 心にもないことをいいながら, モデルの方に, どうし

— 193 —

第 3 章

スウェーデン語

han kastade en frågande, ängslig blick på modellen. Ygberg och Montanus "hade mycket att göra", så att de icke ville "förstöra sin dag" med att "klä sig och gå till sta'n"*, utan de ämnade skaffa sig något därute ; vad det var för något, sade de inte.

Därpå började toaletten*, vilken mest bestod i tvättningar ute vid den gamla trädgårdsbrunnen. Sellén, som dock var sprätten, hade ett tidningspapper gömt under fållbänken, ur vilket han framtog kragar, manschetter och krås, allt av papper ; därpå tillbragte han en lång stund på knä framför brunnsöppningen för att se sig knyta ett brungrönt sidenband, som han fått av en flicka, och att lägga sitt hår på ett särskilt sätt ; när han

ノルウェー語

het, kastet han et spørrende, engstelig blikk på modellen. Ygberg og Montanus «hadde mye å gjøre», så de ville ikke «ødelegge dagen» med å «kle seg og gå til byen», men de hadde tenkt å innta noe der ute ; hva det var for noe, sa de ikke.

Derpå begynte toalettet, som stort sett besto av vask ute ved den gamle brønnen i haven. Sellén, som riktignok var spretten, hadde et avispapir gjemt under slagbenken, og fra papiret tok han ut kraver, mansjetter og kalvekryss, alt av papir; derpå tilbrakte han lengre tid på kne foran brønnåpningen for å se seg selv knytte et brungrønt silkebånd han hadde fått av en pike, samt legge håret i en bestemt frisyre ; da han dess-

リル・ヤンスにたむろする開拓者たち

デンマーク語

på modellen med et spørgende og ængsteligt blik, der røbede, at han løj. Ygberg og Montanus »havde meget arbejde«, de ville ikke »ødelægge deres dag med at klæde sig om og gå til byen«, de ville skaffe sig noget herude; hvad det var for noget, sagde de ikke.

Derefter tog de fat på deres toilette, som mest bestod i, at de vaskede sig ude ved den gamle havebrønd. Sellén, som var lapset, havde en lille pakke, indsvøbt i avispapir, gemt under slagbænken, og ud af den tog han en flip, manchetter og kalvekrøs, alt af papir; derpå lagde han sig på knæ foran åbningen til brønden for at se at knytte et brungrønt silkebånd, som han havde fået af et pigebarn, og sætte sit hår på en ganske

日 本 語

ようかという心配そうな視線を投げかけていた．イグベリイとモンタナスは"することが一杯あるので""今日一日を盛装して街に出かけて，無駄に過ごそう"とは思っていなかった．かれらは戸外で何かつくろうと，思っていたのだが，それが何であるかはいわなかった．

それから身だしなみが始まった．といっても古い庭の洗い場で手や顔を洗うだけのことではあったが．だがおしゃれのセレンは折り畳みベッドの下に隠してあった新聞紙の包みを取り出し，その中からカラーや，カフスや，シャツの飾りを出してきたが，それらはいずれも紙製だった．それからかれは長い時間かけて洗い場の水溜めのまえでかがみこんで，ある少女から貰った茶色がかった緑色の絹のネクタイを結び，髪を特別のスタイルにセットした．その上かれはごぼうの葉で靴をこすり，上

第 3 章

<スウェーデン語>

därjämte gnidit av sina skor med ett kardborrblad, borstat hatten med rockärmen, satt en druvhyacint i knapphålet och tagit fram sitt kanelrör, var han färdig. Vid hans förfrågan om Rehnhjelm skulle komma snart, svarade Lundell, att han icke hade tid ännu på några timmar, han skulle hjälpa honom att rita, och Lundell brukade alltid rita mellan tolv och tu. Rehnhjelm var undergiven och lydde, ehuru han hade svårt att skiljas från sin vän Sellén, som han tyckte om, under det han däremot hyste avgjord motvilja för Lundell.

— Vi träffas i alla fall i Röda Rummet i kväll? framkastade Sellén tröstande, och därom voro alla ense, till och med filosoferna och den moraliske Lundell.

<ノルウェー語>

uten hadde gnidd av sine sko med et borreblad, børstet hatten med jakkeermet, satt en druehyasint i knapphullet og tatt frem sin kanelstang, var han ferdig. På hans forespørsel om Rehnhjelm snart ville komme, svarte Lundell at han ikke hadde tid på noen timer ennå, han skulle hjelpe ham å tegne, og Lundell pleide alltid å tegne mellom tolv og to. Rehnhjelm var underdanig og adlød, enda han hadde vondt for å skilles fra sin venn Sellén, som han satte pris på, mens han derimot hadde avgjort motvilje mot Lundell.

— Vi treffes iallfall i Det røde rommet i kveld? henkastet Sellén trøstende, og derom var alle enige, til og med filosofene og den moralske Lundell.

リル・ヤンスにたむろする開拓者たち

デンマーク語	日　本　語
særlig måde ; da han så havde tørret sine sko af med et burreblad, børstet hatten med frakkeærmet, sat en hyacintblomst i knaphullet og taget sit kanelrør frem, var han færdig. På hans spørgsmål, om Rehnhjelm snart kom, svarede Lundell, at han ikke havde tid i de første timer, han skulle hjælpe ham med at tegne, og Lundell plejede altid at tegne mellem tolv og to. Rehnhjelm var forkuet og lystrede, skønt han havde svært ved at skilles fra sin ven Sellén, som han holdt af, mens han nærede en afgjort uvilje over for Lundell. — Vi træffes i hvert fald i »Det røde værelse« i aften, henkastede Sellén trøstende, og det var de alle enige om, endogså filosofferne og den moralske Lundell.	着の袖で帽子を磨き，ボタン孔にグレープヒヤシンスの花をつけ，シナモンのステッキをもって，やっと用意ができた．かれがレンイェルムにもう出かけられるか，と聞くと，ルンデルが，いや，奴はまだ私の絵を描くのに何時間か手伝って貰わなくっちゃ，と答えた．ルンデルはいつも十二時から二時の間に描く習慣なのだ．レンイェルムはセレンの方が好きで別々になるのは嫌だし，実はルンデルに対してはいつも決定的な反感を心の奥に持っていたのだが，ルンデルの言いなりになって，それに従った． ——ま，とにかく夕方，赤い部屋で会おう，とセレンが慰め顔でいった．これについては二人の哲学者と道徳やのルンデルでさえもふくめて，満場一致で賛成した．

第 3 章

スウェーデン語

Under vägen till sta'n invigde Sellén sin vän Falk i varjehanda* förtroenden rörande nybyggarne på Lill-Jans, varav inhämtades, att han själv brutit med Akademien på grund av skilda åsikter om konst; att han visste med sig äga talang och att han skulle lyckas, om det ock månde dröja, ehuru det var oändligt svårt att få ett namn utan att ha fått kungliga medaljen. Även naturliga hinder reste sig emot honom; han var född på Hallands skoglösa kust, han hade lärt sig älska det stora och enkla i dess natur; publiken och kritiken tyckte för närvarande om detaljer, småsaker, och därför fick han icke sälja; han skulle nog kunna måla som de andra, men det ville han icke.

ノルウェー語

På veien til byen innviet Sellén sin venn Falk i allehånde fortroligheter vedrørende innbyggerne av Lill-Jans, hvortil hørte at han selv hadde brutt med Akademiet på grunn av uforenlige synspunkter på kunsten; han visste at han hadde talent og at han ville lykkes, selv om det kunne ta tid, selv om det var uendelig vanskelig å skaffe seg et navn uten å ha fått den kongelige medaljen. Også naturlige hindringer reiste seg mot ham; han var født på den skogløse Hallandskysten, han hadde lært seg å elske det store og enkle i naturen der; publikum og kritikere likte for tiden detaljer, småting, og derfor fikk han ikke solgt noe; han skulle nok kunne male som de andre, men det ville han ikke.

リル・ヤンスにたむろする開拓者たち

デンマーク語

På vejen til byen indviede Sellén sin ven Falk i alskens hemmeligheder om nybyggerne på Lille-Jans, blandt andet, at han selv havde brudt med Akademiet på grund af uoverensstemmende kunstneriske anskuelser ; at han vidste med sig selv, at han havde talent, og at han ville slå igennem, selv om det måske varede noget, for det var uendelig svært at skabe sig et navn, når man ikke kunne få den kongelige medalje. Også naturlige hindringer rejste sig imod ham ; han var født på Hallands skovløse kyst og var kommet til at elske de store og fine linier i denne natur ; men publikums og kritikkens smag gik for øjeblikket i retning af detaljer og bagateller i kunsten, og derfor fik han ikke noget solgt ; han skulle

日　本　語

街への道々，セレンはファルクにリル・ヤンスの開拓者たちに関する種々雑多の秘密の情報を教えてやった．かれは，かれ自身アカデミーとは芸術に関する意見が異なるため，たもとを分かっていること，かれは自分が能力を持っていると確信していること，たとえ回りくる月は遅くともいつかは成功するであろうこと，もちろんロイヤルメダルなしで，名声をえることは無限の困難さを伴う事，など話した．自然の障害もかれに立ち向かうであろうが，かれはハランド地方の森のない海岸の生まれで，これら自然の中の壮大で，単純なものを愛することを学んでいた．一方，大衆とか，批評家たちは今のところ細かいこと，些細なことに眼が向いていて，このため，かれの絵は売れてない．かれは他の連中と同じような描くことは充分できるが，あえてそうしようとは思わないというのだ．

第 3 章

スウェーデン語

Lundell däremot, det var en praktisk man — Sellén uttalade alltid ordet praktisk med ett visst förakt. — Han målade efter fol-kets smak och önskan; han led aldrig av indisposition*; han hade visserligen lämnat Akademien, men av hemliga, praktiska skäl, och han hade icke brutit med den, oaktat han gick omkring och berättade så. Han uppehöll sig rätt bra med att teckna åt illustrerade magasin och skulle nog, oaktat sin obetydliga talang, en dag* lyckas genom relationer och särskilt genom intriger, dem* han fick lära sig av Montanus, som redan gjort upp några planer, vilka Lundell med framgång realiserat — och Montanus — det var snillet,

ノルウェー語

Lundell, derimot, det var en praktisk mann — Sellén uttalte alltid ordet praktisk med en viss forakt. — Han malte etter folkets smak og ønsker; han var aldri indisponert; han hadde vitterlig forlatt Akademiet, men av hemmelige, praktiske årsaker, og han hadde ikke brutt med det, selv om han gikk omkring og sa så. Han forsørget seg temmelig bra ved å tegne for illustrerte magasiner og ville nok, uaktet sitt beskjedne talent, en dag lykkes via forbindelser og særskilt gjennom intriger, som han lærte av Montanus, som allerede hadde lagt visse planer som Lundell hadde realisert med suksess — og Montanus — det var geniet, enda han var

— 200 —

リル・ヤンスにたむろする開拓者たち

| デンマーク語 | 日　本　語 |

vel kunne male som de andre, men det ville han ikke.

Lundell derimod var en *praktisk* mand — Sellén udtalte altid ordet praktisk med en vis foragt. Han malede efter folkets smag og ønsker; han led aldrig af uoplagthed; han havde ganske vist forladt Akademiet, men af hemmelige, praktiske grunde, han havde ikke brudt med det, skønt han gik rundt og fortalte det. Han klarede sig ganske godt ved at tegne til illustrerede ugeblade, og til trods for sit ubetydelige talent ville han sikkert en dag få succes på grund af sine forbindelser, og navnlig ved hjælp af de intriger, som han lærte af Montanus! For Olle havde for længst lavet planer, som Lundell med held havde realiseret. Montanus, han var

　これに反してルンデルは実行派だ. ―― セレンはいつも, この実行派という言葉にいささかの軽蔑の気持ちをこめてしゃべるのだが. ――ルンデルは民衆の好みや, 願いを求めて描いてきた. かれは決して嫌なことを悩むことはなかった. なるほどかれもアカデミーから離れてはいるが, それは秘密の, 現実的な理由によるものであり, かれが周囲のものにいいふらしている割りには, 困っていなかった. かれは雑誌に絵を描いてかなりいい収入を得ており, 画才の方は大したことはないが, いつか, ツテか, 策略でたぶん成功するだろう. かれはもう既に何枚か下絵を描きあげているモンタナスから学びとり, それをうまくものにしているのである. そしてモンタナス――こいつは天才だ. かれは恐ろしく非現実的な人間だが.

第 3 章

スウェーデン語

fastän han var fasligt opraktisk.

Rehnhjelm var son av en fordom rik man uppe i Norrland. Fadern hade ägt en stor egendom, vilken slutligen gått ifrån honom och stannat i händerna på förvaltaren. Nu var den gamle ädlingen tämligen fattig, och hans önskan var, att sonen skulle hämta lärdom av hans förflutna och genom att bli förvaltare återskaffa åt huset en egendom, och därför gick denne nu på Handelsinstitutet för att lära sig lantbruksbokhålleri, vilket han avskydde. Det var en snäll gosse men litet svag och han lät leda sig* av den sluge Lundell, vilken icke försmådde att taga ut arvodet in natura för sina moraler och sitt beskydd.

Emellertid hade Lundell

ノルウェー語

forskrekkelig upraktisk.

Rehnhjelm var sønn av en fordums rikmann oppe i Norrland. Faren hadde eid en stor eiendom som til slutt hadde glidd ut av hendene på ham og havnet i klørne på forvalteren. Nå var den gamle adelsmann temmelig fattig, og hans ønske var at sønnen skulle ta lærdom av hans fortid og ved å bli forvalter gjenskaffe huset en eiendom, og derfor gikk sønnen nå på Handelsinstituttet for å lære seg landbruksbokholderi, hvilket han avskydde. Det var en snill gutt, men litt svak, og han lot seg lede av den slu Lundell, som ikke forsmådde å ta ut honoraret for sine moralprekener og sin beskyttelse in natura.

Imidlertid hadde Lundell

リル・ヤンスにたむろする開拓者たち

デンマーク語	日本語

geniet ; han var forfærdelig upraktisk.

Rehnhjelm kom oppe fra Norrland. Faderen havde haft en stor ejendom deroppe, men den var efterhånden gået over til forvalteren. Nu var den gamle adelsmand temmelig fattig, og det var hans ønske, at sønnen skulle høste lærdom af hans liv og erfaring og ved at blive landmand skaffe slægten en ejendom igen ; derfor gik han nu på handelsinstituttet og prøvede på at lære landbrugsbogholderi, hvad han afskyede. Det var en flink fyr, men lidt svag, og han lod sig lede af den snu Lundell, som ikke forsmåede at tage honorar in natura for sine moralprædikener og sin beskyttelse.

Imidlertid havde Lundell

レンイェルムはノルランド北部のかつての金持ちの息子だ．かれの父はかなりの財産を持っていたのだが，結局は父の手から離れて，管財人の手に渡ってしまった．今はこの老貴族もかなり貧しくなって，息子が自分の過去からの教訓を学びとってくれ，管財人になることによって，家のためなにがしかの財産を再びとりもどしてくれることを願って，今，息子を商業学校に入れ，農業簿記の勉強をさせている訳だが，息子はそれを嫌がっていた．かれもいい奴なのだが，少し気が弱く，あの抜け目ないルンデルに振り回されている感じである．ルンデルときたら，かれに説教し，かれを保護してやっているからといって，ものでその報酬を受け取ることに一向に引け目を感じていないのだから．

とにかく，ルンデルと男爵殿

第 3 章

スウェーデン語

och baronen satt sig till arbetet, som gick så till*, att baronen ritade, under det mästaren låg i fållbänken och övervakade arbetet, det vill säga rökte.

— Om du nu är flitig, så ska du få gå med mig och äta middag på *Tennknappen*, lovade Lundell, som kände sig rik med de två riksdalerna han räddat undan förstörelsen.

Ygberg och Olle hade dragit sig uppåt skogsbacken för att sova över middagen. Olle var strålande efter sina segrar, men Ygberg var dyster ; han hade blivit överträffad av sin lärjunge. Han hade dessutom blivit kall om fötterna och var ovanligt hungrig, ty det ivriga talet om äta hade väckt slumrande känslor, vilka icke på

ノルウェー語

og baronen satt seg til arbeidet, som foregikk på det vis at baronen tegnet, mens mesteren lå i slagbenken og overvåket arbeidet, det vil si røkte.

— Om du nå er flittig, så skal du få bli med meg og spise middag på *Tennknappen*, lovet Lundell, som følte seg rik med de to riksdalerne han hadde reddet fra utslettelsen.

Ygberg og Olle hadde trukket seg oppover mot skogkanten for å sove over middagen. Olle strålte etter sine seire, men Ygberg var dyster ; han var overgått av sin disippel. Han var dessuten blitt kald på føttene og var usedvanlig sulten, for alt snakket om å spise middag hadde vekket slumrende følelser, som ikke hadde fått luft

リル・ヤンスにたむろする開拓者たち

デンマーク語

og den unge baron sat sig til at arbejde, og det gik til på den måde, at baronen tegnede, mens mesteren lå på slagbænken og førte tilsyn med arbejdet, med andre ord: røg sin pibe.

― Hvis du nu er flittig, skal du få lov til at gå med mig hen og spise til middag på *Tinknappen*, lovede Lundell, der følte sig rig på grund af de to rigsdaler, han havde reddet fra undergang.

Ygberg og Olle var gået op på skrænten ved skoven for at sove sig fra middagen. Olle strålede efter sine filosofiske sejre, men Ygberg så dyster ud; han var blevet overtruffet i diskussionen af sin discipel. Han var desuden blevet kold om fødderne og var ualmindelig sulten, for al den snak om mad havde vakt hans slum-

日　本　語

は仕事にとりかかった．みると男爵殿が描いていて，親方の方は折り畳みベッドに寝ころがって，しごとを監督する，いいかえれば煙草を吹かしているのであった．

――真面目にやっていれば，テンクナッペに昼飯を食いに連れていってやるよ，とルンデルは約束した．かれはさっき，破滅から救い上げた二枚の紙幣を持っているので，ふところが温かいのだ．

イグベリイとオレは午後の昼寝をするため，ぶらぶらと森のある丘に登っていった．オレはかれの勝利で輝いていたが，イグベリイは自分の弟子に先を越されてしまったのでガッカリしていた．かれはその上，足が冷えて，いつになく腹がへっていた．というのは食い物の話を熱心にやったものだから，この一年間，空気に当てたことのない眠っていた感情が湧いてきたの

― 205 ―

第 3 章

スウェーデン語

ett helt år fått giva sig luft. De lade sig under en gran; Ygberg gömde den dyrbara boken, vilken han aldrig velat låna ut till Olle, väl inlindad* i ett papper, under sitt huvud och sträckte ut sig i sin fulla längd. Han var blek som ett lik, kall och lugn som ett lik, vilket uppgivit hoppet om en uppståndelse. Han såg huru småfåglar åto granfrön ovanför hans huvud och släppte ner skalen på honom, han såg huru en stinn ko gick och betade mellan alarne och han såg röken stiga upp från trädgårdsmästarens köksskorsten.

— Är du hungrig, Olle? frågade han med matt stämma.

— Nej, sade Olle och kastade hungriga blickar på

ノルウェー語

på et helt år. De la seg under et grantre; Ygberg gjemte den dyrebare boken, som han aldri hadde villet låne ut til Olle, godt innpakket i papir, under hodet og strakte seg ut i sin fulle lengde. Han var blek som et lik, kald og rolig som et lik som hadde oppgitt håpet om oppstandelse. Han så hvordan småfuglene spiste granfrø over hodet på ham og slapp skallene ned på ham, han så hvordan en stinn ku gikk og beitet mellom oretrærne og han så røken stige opp fra gartnerens kjøkkenskorsten.

— Er du sulten, Olle? spurte han med matt stemme.

— Nei, sa Olle og kastet sultne blikk mot den vidun-

リル・ヤンスにたむろする開拓者たち

デンマーク語	日 本 語
rende appetit, der ikke var blevet rigtig tilfredsstillet i hele det sidste år. De lagde sig under en gran ; Ygberg gemte den dyrebare bog, som han aldrig havde villet låne ud til Olle, under sit hoved, godt pakket ind i et papir, og strakte sig i sin fulde længde. Han var bleg som et lig, kold og rolig som et lig, der har opgivet håbet om en opstandelse. Han så, hvordan småfuglene spiste granfrø oven over hans hoved og tabte skallerne ned på ham, han så, hvordan en tykmavet ko gik og græssede mellem elletræerne, og han så røgen stige op fra gartnerens køkkenskorsten. — Er du sulten, Olle ? spurgte han med svag stemme. — Nej, sagde Olle og kastede sultne blikke på den	だった．二人はえぞまつの木の下で横になった．イグベリイはオレには決して貸そうとはしなかった例の高価な本を紙に包んで隠し持っていたが，それを枕にして，体を思いっきり伸ばした．かれは死体のように青く，死体のように冷たく，そして静かであり，それはあたかも再びよみがえる望みを捨て去っているかのように見えた．かれは頭の上で小鳥たちがえぞまつの実を食べ，その殻をかれの上に落としているのを見ていた．また，太った牛が一頭はんの木の間で草を食んでいるのを見ていた．そして庭師の家の台所の煙突から煙が立ち昇っているのを見ていた． ——オレ，腹は減らないか？とかれは物憂い調子でたずねた． ——いや，別に，とオレはいいながら，あの曰くありげな本

第 3 章

スウェーデン語

den underbara boken.

—Den som vore* en ko! suckade Ygberg, knäppte ihop händerna över bröstet och överantvardade sin själ åt den allförbarmande* sömnen.

När hans svaga andedrag blivit tillräckligt regelbundna, lirkade den vakande vännen fram boken så sakta, att icke den sovande skulle störas ; därpå kastade han sig framstupa och började sluka det dyrbara innehållet, varunder han glömde både Tennknappen och Grytan.

ノルウェー語

derlige boken.

—Den som var en ku! sukket Ygberg, foldet hendene over brystet og overga sin sjel til den barmhjertige søvn.

Da hans svake åndedrag var blitt tilstrekkelig regelmessige, lirket hans våkende venn boken frem så sakte, så sakte, på det at den sovende ikke skulle forstyrres ; derpå kastet han seg forover og begynte å sluke det dyrebare innholdet, hvorunder han glemte både Tennknappen og Grytan.

リル・ヤンスにたむろする開拓者たち

デンマーク語

vidunderlige bog.

— Hvem der var en ko! sukkede Ygberg, foldede hænderne over brystet og overgav sin sjæl til den altforbarmende søvn.

Da hans svage åndedrag var blevet tilstrækkelig regelmæssigt, listede den vågende ven den kostelige bog så sagte frem, at den anden ikke blev vækket; derpå kastede han sig på maven og begyndte at sluge det dyrebare indhold, så han gelmte både *Tinknappen* og *Gryden*.

日　本　語

の方に飢えた視線を投げかけた．

——ああ，牛だったらなあ！とイグベリイは胸の上に腕を組みながら嘆息し，かれの魂は慈悲深い眠りの中に陥っていった．

イグベリイの弱い呼吸が充分に規則正しくなったとき，眼を覚ましていた友人はかれの眠りを乱さないように，そっと本の方に近づいた．それからオレは地面にはいつくばって，その中身をむさぼるように詰め込み始めた．そしてテンクナッベのことも，グリュータンのことも忘れてしまったのであった．

注

　注はスウェーデン語を主体とした．デンマーク語，ノルウェー語は同じか，似た形が多いので類推されたい．なお，この原文は戦前（1879年）の作品のため，動詞の過去・複数など，古い形が用いられている．今の形は辞書などによられたい．

p.2　　下から6行　**kärleksfilter**　愛の巣
p.4　　9行　**drogos om**　奪い合うの過去・複数
p.4　　下から7行　**barège**　南フランス産の軽く，薄い絹地
p.10　下から5行　**knäppte upp** = knäppte av　ボタンをはずすの過去
p.12　8～9行　**stadsgårdshamne**　当時港のあった通りの名
p.12　10行　**järnvågen**　鋼材計量所（場所の名）
p.14　下から9～8行　**sekundera**　支持する，応援する
p.20　12行　**snart sagt**　早くいえば
p.24　9行　**för all del**　とんでもない，どういたしまして
p.24　下から9行　**Anno**〔ラテン語〕年
p.26　下から4～3行　**för att icke säga**　…とまでいわなくても
p.30　10行　**mycket folk till**　till のあとに arbete が略されている
p.32　1行，3行　**Ära, makten**　双方の前に ge が略されている
p.32　10行　**skrev in sig**　在籍する，登録するの過去
p.34　下から5行　**f.m.**　förmiddagen の略

— 210 —

注

- p.46　下から5行　**i det**　…しながら，そのとき
- p.48　4行　**spruckna**　spricka の過去分詞，複数
- p.48　7行　**utsinat**　乾き切った，干上がった
- p.50　下から11行　**varuti** = vari　何に，どこに
- p.50　下から5〜4行　**kvittenserna**　受取証の複数，定形
- p.54　下から4行　**Posttidning**　官報
- p.56　下から12行　**harklade**〔**sig**〕咳払いをするの過去
- p.56　下から4行　**Vaffa-en**　なに，なんだって（この野郎）= vad fan
- p.68　5行　**stygn**　激痛
- p.70　下から11行　**avstubbade**　尻尾を切られた
- p.76　11行　**röcko** rycka　引っ張るの過去，複数の古い形
- p.76　12行　**stucko** sticka　刺すの過去，複数の古い形
- p.80　本文4〜5行　**äldste**　長老
- p.80　本文11行　**e.o.** extraordinarie　非常勤書記の略
- p.80　下から2行　**hjulhus**　外輪船の外輪の覆い
- p.82　8行　**ålmjärde**　うなぎ取り用の細長いかご
- p.82　9行　**katse** = katsa　魚籠
- p.82　9行　**ospritad**　かき傷のない
- p.90　11〜12行　**trossbottnen**　二重床
- p.96　6行　**satte sig upp**　起き上がる，立ち向うの過去
- p.100　下から6行　**få lov att**　…してもよい（英語の may に相当）
- p.102　7〜8行　**förmyndarkammaren**　後見人事務所
- p.104　8行　**berlockerna**　時計などにつけた小さな飾りの複数，定形
- p.104　10行　**gå i vägen**　邪魔になる

注

p.104	下から11行	**nedböjt**	下方に曲げた
p.104	下から9行	**läste över**	練習するの過去
p.108	下から12～11行	**gå åt till**	消費する，使用する
p.112	下から9行	**Ergo**	〔ラテン語〕それ(この)ゆえに
p.112	下端	**slog upp**	slå upp 開くの過去
p.118	8行	**däruppe**	あちらの上（ここでは女房のこと）
p.120	下から12行	**advokatyr**	こじつけ，屁理屈
p.120	下から8行	**numro**	= nummer
p.122	13行	**gäddrag**	トロール船の流し網
p.122	下から8行	**för alltid**	永遠に
p.124	下から2行	**För fan**	なんだ（ののしりの言葉）
p.136	8行	**mulbete**	牧草〔地〕
p.136	下端	**yrfän**	ブンブンいう虫？
p.138	段落から5行	**hästiglarne**	ひる（水中などに住む血を吸う虫）の複数，定形
p.138	段落から6行	**vattenlöpare**	あめんぼう
p.142	2行	**dranktunna**	醸造粕用たる〔の運搬車〕
p.142	4行	**solskott**	陽光
p.144	6行	**hamnbuse**	港などにいる乱暴者，放浪者
p.146	5行	**tillkänna**	= känna till
p.146	下から9～8行	**Pro primo**	〔ラテン語〕まずもって，第一に
p.148	2行	**borttänkas**	捨てて考えない，棄却する
p.150	下から6行	**dråplig**	すばらしい
p.154	下から9行	**bagarstuga**	パン焼き小屋
p.154	下から5行	**fållbänk**	折りたたみ式ベッド
p.156	7～8行	**efter råd och lägenhet**	…の状態から見れば

注

p.156　10~11行　**hade vikit ner skjortan**　両はだぬいでいた
p.158　下から10行　**papperssudd**　紙で包んだ丸まったもの
p.160　1行　**göra sig hörd**　（ハローと）聴えるように声をかける
p.160　5~6行　**komposthögen**　堆肥の山
p.160　10行　**förr än** = förrän　まで
p.164　8行　**rdr**　riksdaler の略
p.164　下端　**paltbröd**　豚肉・豚の血などから作った黒いソーセージ
p.166　11行　**Quasimodo**　15世紀末，ノートルダム寺院のせむしの鐘つき男
p.166　12~13行　**korsnedtagning**　キリストが十字架から降ろされること
p.168　下から5~4行　**Fichte**　1762-1814 ドイツの哲学者
p.170　下から10~9行　**den Lundell**　あのルンデル
p.172　6行　**schatull**　貴重品など入れる小箱（ここでは絵の具箱）
p.172　下から8行　**träsnugga**　小型のたばこ用パイプ
p.174　2行　**en Rubens**　一種のルーベンス（1577~1640 画家）風
p.174　5行　**utgöt sig**　utgjuta sig 自分のことをまくしたてるの過去
p.178　下から12行　**de facto**　〔ラテン語〕事実上
p.180　3~4行　**upptaga … handsken**　挑戦に応じる
p.180　9~10行　**skräpgömmor**　かくれ家の複数
p.180　11行　**väderbössor**　空気銃の複数
p.182　8~9行　**heldre**　hellre の古い形
p.182　10~11行　**kvick i slutledningarne**　当意即妙の

— 213 —

注

- p.182　12行　**bresch**　突破口
- p.184　下から7行　**tas itu**　着手される，処理される
- p.186　7行　**hornslut**　両刀論
- p.186　8行　**syllogismen**　三段論法
- p.194　7行　**sta'n** = staden
- p.194　段落から1行　**toaletten**　身仕度
- p.198　3行　**varjehanda**　色々の，雑多な
- p.200　7行　**indisposition**　嫌なこと
- p.200　下から8行　**en dag**　いつか
- p.200　下から6行　**dem**　ここでは = som
- p.202　下から6行　**lät leda sig**　振り回される，いいようにされるの過去
- p.204　2行　**som gick så till**　こんな具合に
- p.206　5〜6行　**inlinda** = linda in
- p.208　2行　**vore**　vara の仮定法
- p.208　6行　**allförbarmande**　まことに慈悲深い

目録進呈 落丁本・乱丁本はお取替えいたします。

平成15年7月20日 　　©第1版発行

北欧3ヵ国語で読む ストリンドベリイの 赤い部屋（第1章〜第3章）

編訳者　古城 健志
発行者　佐藤 政人

発行所
株式会社 大学書林
東京都文京区小石川4丁目7番4号
振替口座　00120-8-43740
電話　(03) 3812-6281〜3番
郵便番号 112-0002

ISBN4-475-02445-5　　TMプランニング・横山印刷・文章堂製本

大学書林 語学参考書

著編者	書名	判型	頁数
尾崎 義著	**スウェーデン語四週間**	B6判	440頁
山下泰文著	**スウェーデン語文法**	A5判	360頁
尾崎　　義 田中三千夫 下村誠二 武田龍夫 著	**スウェーデン語辞典**	A5判	640頁
松下正三 古城健志 編	**スウェーデン語日本語辞典**	新書判	704頁
松下正三 編	**日本語スウェーデン語小辞典**	新書判	580頁
下宮忠雄著	**ノルウェー語四週間**	B6判	653頁
森 信嘉著	**ノルウェー語文法入門**	B6判	212頁
岡本健志著	**自習ノルウェー語文法**	A5判	232頁
古城健志 松下正三 編著	**ノルウェー語辞典**	A5判	846頁
古城健志編	**日本語ノルウェー語辞典**	新書判	656頁
岡田令子 菅原邦城 間瀬英夫 著	**現代デンマーク語入門**	A5判	264頁
山野辺五十鈴編著	**自習デンマーク語文法**	A5判	208頁
森田貞雄著	**デンマーク語文法入門**	B6判	130頁
古城健志 松下正三 編著	**デンマーク語辞典**	A5判	1016頁
古城健志 松下正三 編著	**デンマーク語日本語辞典**	新書判	820頁
古城健志編	**日本語デンマーク語辞典**	新書判	664頁
森田貞雄著	**アイスランド語文法**	A5判	208頁

― 目 録 進 呈 ―